WIZARD

ダモダランの投資教室

企業を評価し、
銘柄を選び、
利益を手にする方法

How to Value a Company,
Pick a Stock, and Profit, Updated Edition
by Aswath Damodaran

The Little Book of Valuation

アスワス・ダモダラン[著]
長岡半太郎[監修]　藤原玄[訳]

Pan Rolling

The Little Book of Valuation : How to Value a Company, Pick a Stock, and Profit, Updated Edition
by Aswath Damodaran

Copyright © 2024 by Aswath Damodaran. All Rights Reserved.

This translation published under license with the original publisher John Wiley & Sons, Inc.
through Japan UNI Agency, Inc., Tokyo

監修者まえがき

　本書は、ニューヨーク大学スターン・スクール・オブ・ビジネスの教授であり、資産価値評価およびコーポレートファイナンスに関して多くの著作を有するアスワス・ダモダランによる『The Little Book of Valuation : How to Value a Company, Pick a Stock, and Profit』の邦訳である。これはページ数こそ控えめであるが、株式の価値評価に関する理論と実践を織り交ぜた貴重な１冊であり、ベンジャミン・グレアムを祖とするセキュリティーアナリシス（安全性分析）に基づくバリュー投資の道統に連なるものである。類似書籍としては、コロンビア大学の関係者による**『パーフェクト証券分析』**（パンローリング）が挙げられるが、後者が主に機関投資家や学究の読者を念頭に置いているのに対し、本書は一般投資家に向けた入門書として、より実践的かつ分かりやすい内容で展開されている。

　近年、株式投資におけるグロース銘柄の優れたパフォーマンスを背景に「バリュー投資は死んだ」といった主張をよく聞くが、バリュー投資とは単なる割安感に基づく投資法ではけっしてない。それは、投資対象の本質的な価値を評価し、その価値と市場価格とを対比させることによって、安全性を確保したうえで実行される正統的な投資戦略である。そして、実際にはすべての投資は広義のバリュー評価に基づいている。この視点から見ると、「バリュー投資」という言葉自体が実は冗長であるとも言える。

　価値評価に基づく投資は、確固たる堅実さを持ったものであるが、この堅実さは「利益が少ない」「魅力がない」という意味ではけっ

してない。むしろ、価値評価が確実で、安全性が高ければ、強力なレバレッジをかけることも可能であり、リスクを明確に認識したうえでヘッジを行えば、優れたポジションを合成することもできる。

この投資手法の最も顕著な利点は、市場の短期的な動向に過敏になる必要がない点にある。市場予測はしばしば信頼性に欠け、そこに投入される努力の多くは無駄に終わる。それはたとえ一時的に成功を収めたように見えることがあっても、結局はうたかたの夢にすぎず、そのような試みを行うほとんどの投資家は、ラットレース（限りなく続く無意味な競争）の不確実性に精神的な疲弊を抱えながら生きることになる。

本来、投資活動とは価格の予測や短期的な市場の動きに依存するものではなく、むしろ時間の流れとともに自然に経済的成果を生み出す仕組みを構築することである。そこでは勝ち負けを意識する必要はない。そして、その仕組みをデザインするための基盤技術が資産価値評価であり、その背後にある哲学がバリュー投資なのである。

本書の刊行に際し、以下の方々に深く感謝申し上げる。藤原玄氏は精緻で正確な翻訳を実現していただいた。阿部達郎氏には丹念な編集・校正を行っていただいた。また、本書が発行されたのはパンローリング社の後藤康徳社長のご支援によるものである。

2024年12月

長岡半太郎

監修者まえがき 1
まえがき 7

第1部　全力で進め──バリュエーションの基礎

第1章　価値、それは数字以上のもの──地形を理解する　11

第2章　取引の電動工具──時間価値、リスク、そして統計　21

第3章　すべての資産に本源的価値がある──本源的価値の決定　43

第4章　すべて相対的である──相対価値の決定　69

第5章　ストーリーと数字──ストーリー、価値、価格　91

第2部　揺りかごから墓場まで──ライフサイクルとバリュエーション

第6章　前途有望──若いグロース企業を評価する　117

第7章　成長には痛みが伴う──グロース企業を評価する　139

第8章　バリュエーションのバイアグラ──成熟した企業を評価する　161

第9章　終末の日──衰退する企業を評価する　177

第3部 殻を打ち破る──バリュエーションの特殊な状況

第10章 バンク・オン・イット──金融サービス企業を評価する　　195

第11章 ジェットコースター投資──シクリカルな企業、コモディティ企業を評価する　　215

結論──交通法規　　231

バリュエーションに関する私の長広舌に付き合わされてきたすべての人たちへ、懺悔します。

まえがき

　グーグル、テスラ、エヌビディアの株式に実際にどれだけの価値があるかご存知だろうか。買ったばかりのコンドミニアムや住宅についてはどうだろうか。気にする必要があるのだろうか。株式や債券や不動産の価値を知ることが投資で成功する前提条件ではないかもしれない。だが、個人投資家がもっと情報に基づいた判断を下す役には立つ。

　多くの投資家が資産の評価を面倒な仕事と考えている。つまり、自分たちのスキルからすれば気が遠くなるほど複雑なものだ、と。結果として、彼らはプロ（株式の調査アナリストや鑑定士たち）任せにするか、完全に無視してしまう。私は、バリュエーションは本質的にシンプルで、情報を集め、分析するために時間を費やそうとする者ならだれにでもできることだと思っている。本書でそれを示そうと思っている。また、実際のバリュエーションに付随する神秘的な雰囲気を取り除き、アナリストや鑑定士が下したバリュエーションの判断に目を向け、それが合理的かどうか、自分自身で判断できるようにする方法を伝えられればと思う。

　バリュエーションのモデルには細かい情報が必要になる。一方で、企業の価値は少数の重要な要素によって決まり、それは企業ごとに異なる。そのような価値の要素を求めて、インドのオンライン・フードデリバリー企業であるゾマトのような若いグロース企業から、ユニリーバのような成熟した企業までライフサイクルを横断して目を向けるだけでなく、シェルのようなコモディティ企業からシティグループのような金融サービス企業まで多様なセクターにも目を向

ける。本書に付属するウェブサイトと携帯アプリには、このようなバリュエーションを行うためのスプレッドシートが掲載されているので、数字を変えたり、更新したりすることでその影響を理解できる。さらに深掘りしたければ、利用できる情報源へのアクセスもウェブサイトに掲載している。

　おまけがある。企業の価値を左右する要素を理解していれば、バリュープレーを見いだせるようになる。つまり、掘り出し物の銘柄である。本書を読むことで、投資したいと思っている企業や事業の価値を評価できるようになり、その知識を用いてより情報に通じた投資家になるだけでなく、投資で成功できるようになってほしいと思っている。本書を読めば、投資家として成功し、お金持ちになれるのだろうか。必ずしもそうではないが、投資の間違いを回避し、投資詐欺に気づくための道具を得ることはできるだろう。

　さあ、始めよう。

第1部
全力で進め──バリュエーションの基礎

Hit the Ground Running -- Valuation Basics

第1章
価値、それは数字以上のもの──地形を理解する
Value -- More than a Number! Understanding the Terrain

　オスカー・ワイルドは皮肉屋を「あらゆるものの価格は知っているが、いかなるものの価値も知らない者」と定義した。同じことが、投資はゲームだと考え、勝ち続けることが勝利だと定義している多くの投資家にも言える。

　健全な投資の前提条件とは、投資家は資産の価値を上回る価格を支払わないことである。この前提条件を受け入れるならば、自分が買おうとしているものの価値を、少なくともあらかじめ評価しようとしなければならない。価値とは見る人次第であり、あらゆる価格はその投資対象にそれだけの価値があると考える投資家が存在するかぎり、正当化されると主張する者たちがいることは分かっている。だが、それは明らかにバカげている。その資産が絵画や彫刻ならば認識が何よりも重要かもしれないが、金融資産は将来受け取ることが期待されるキャッシュフローを求めて買うのである。株式の価格は将来において、より高い価格を支払う投資家が存在するだろうというだけでは正当化されない。それでは高価な椅子取りゲームをしているのと同じであり、音楽が止まったときに自分がどこにいるのかという問題になってしまう。

２つのバリュエーション方法

　結局のところ、バリュエーションモデルは数多く存在するが、そのバリュエーション方法は２つだけである。つまり、本源的バリュエーションと相対バリュエーションだ。本源的バリュエーションでは、シンプルな前提から始める。資産の本源的価値は、その資産が将来に生み出すだろうキャッシュフローと、そのキャッシュフローがどれほど不確実だと思うかによって決まる。キャッシュフローが多く、安定している資産は、キャッシュフローが少なく、安定しない資産よりも価値があるはずである。家賃収入が少ないだけでなく、時期によって空室率が大きく変わる投機的な不動産よりも、店子が高い家賃を長期にわたって支払ってくれる不動産により高い価格が付くはずである。

　原則としては本源的バリュエーションに注目すべきだが、実際にはほとんどの資産は相対的に評価されている。相対バリュエーションでは、資産は類似の資産の市場価格に目を向けることで評価される。そのため、ある住宅にいくら支払うかを決めるには、近隣で販売された似たような住宅の価格に目を向けることになる。株式では、たいていの場合、「ピアグループ」に属する類似の銘柄と価格を比較する。つまり、エクソンモービルは、ほかの石油会社の株価が利益の12倍で取引されているときに、８倍で取引されていれば買うべき銘柄だと考えられる。事業や資産に数字を当てはめるこの方法論は、本源的バリュエーションとは哲学的にも異なり、ファンダメンタルズよりも他人がいくら支払うつもりかによって決まるので、われわれは相対バリュエーションを説明するときには「価格付け」という言葉を用いる。

本源的バリュエーションは、事業や株式の価値を決める要素の全体像を明らかにする。だが、今日市場で事業や株式がいくらで売れるかについては、価格付けのほうがより現実的な推定値が得られる場合もある。1つの投資対象の数字を算出するために両方の方法論を用いるのは構わないが、必要となる道具は異なるので、自分が資産を評価しようとしているのか、価格付けをしようとしているのかを必ず理解しなければならない。

どうして気にしなければならないのか？

　市場に参加する投資家たちの投資哲学は多岐にわたる。市場が上向く前に買おうとするマーケットタイマーもいれば、成長率や将来の潜在的な利益に基づく銘柄選択を奉じる者もいる。

　株価チャートを熟読し、自らをテクニカルアナリストと分類する者もいれば、財務比率を算出し、ファンダメンタルズの分析を信奉する者もいる。これは企業が生み出す特定のキャッシュフローを掘り下げ、それに基づいて価値を導き出そうとする方法である。短期的な利益を求めて投資する者もいれば、長期的な利益を求める者もいる。これらすべての投資家にとって資産の評価方法を知るのは有益だが、いつどのように用いるかは異なる。マーケットタイマーはあるアセットクラス（株式、債券、不動産）が割高か割安かを見るにあたり、バリュエーションや価格付けを用いることができる。ストックピッカーはどの銘柄が割安で、どの銘柄が割高かを判断するために、個々の企業のバリュエーションを利用する。テクニカルアナリストでさえ、上昇基調にあった銘柄が反転して下落を始めた場合、またはその逆の場合に、モメンタムに変化があったかどうかを

見極めるためにバリュエーションを利用できる。

　だが、価値や価格を評価する必要性は、投資やポートフォリオマネジメントに留まらなくなっている。企業のライフサイクルのすべての段階でバリュエーションや価格付けが果たすべき役割がある。事業拡張を検討している小さな未公開企業にとっては、資本を増やすためにベンチャーキャピタルやプライベートエクイティーの投資家に接触するときに価格付けやバリュエーションが重要な役割を果たす。ベンチャーキャピタリストが注入する資本の見返りに求める企業の株式数は、彼らが推定する企業の価値（価格）によって決まる。企業が成長し、株式公開することになった場合、企業にどれだけの価値があるかという評価が公開時の価格を決める。事業が安定したら、どこに投資するか、どれだけ資金を借り入れるか、株主にどれだけ還元するかの判断は、それが価値にどのような影響を及ぼすと考えるかに影響される。会計処理すら影響を受ける。会計基準の世界的なトレンドで最も重要なのが、公正価値会計への移行である。これは貸借対照表（BS）上の資産を当初の取得費用ではなく、公正価値で評価するというものだ。そのため、貸借対照表を簡単に読み進めるにも、バリュエーションの基礎や価格付けの基本を理解しておく必要がある。

バリュエーションに関するいくつかの真実

　バリュエーションの詳細に取り掛かる前に、バリュエーションに関する一般的な真実をいくつか記しておく価値はある。それは他者が行ったバリュエーションに目を向けるときの考え方だけでなく、自分自身でバリュエーションを行うときの安心材料ともなる。

すべてのバリュエーションにはバイアスがかかっている

　真っさらな状態で企業や株式の評価を始めることはほとんどないだろう。たいていの場合、バリュエーションモデルに数字や自分が用いている指標を入力し始める以前に、企業や株式に関する自分の見解は形作られており、当然ながら自分の結論はバイアスを反映したものになる傾向がある。

　バリュエーションのプロセスの最初のバイアスは評価する企業を選ぶときに発生する。そのような選択はランダムではない。その企業に関する何か良い報道か、悪い報道を目にしたのかもしれないし、特定の企業が割安か割高だとするコメンテーターの話を耳にしたのかもしれない。企業を評価するために必要な情報を集めるときにもバイアスはかかる。年次報告書やほかの財務諸表には会計数値だけでなく、経営者による業績説明が掲載されており、業績数値について最大限都合の良い解釈をしていることが多い。

　プロのアナリストの場合、すでに大きいこのバイアスに、組織の要素が加わる。例えば、株式の調査アナリストは担当している企業と良好な関係を維持する必要があり、またそのような企業から別のビジネスを獲得している雇用者からプレッシャーを受けているので、売り推奨よりも買い推奨のほうが多くなる。このような組織の要素に、割安な企業や割高な企業を見いだすことに伴う賞罰の構造が加わる。割安な企業や割高な企業を見いだすかどうかで報酬が決まるアナリストたちにはそのようなバイアスが働く。

　バリュエーションに用いる数値も自らの楽観論や悲観論を反映したものになる。そのため、自分が好む企業にはより高い成長率と低いリスクを用いる可能性が高くなる。また、バリュエーション後の

飾り付けもある。これは優れた点（シナジー効果、支配権、経営陣の質など）のプレミアムを乗せることで推定した価値を高めたり、悪い点（流動性の無さ、リスクなど）について割り引いて価値を引き下げたりすることである。

　常に自らのバイアスについて正直でなければならない。なぜこの企業を評価しようと思ったのだろうか。企業の経営陣は好きか、嫌いか。すでにその企業の株式を保有しているか。可能であれば、バリュエーションを始める前に、このようなバイアスを書き出すとよい。さらに、企業に関する背景調査は、情報を集めるに留め、意見を探し求めるべきではない。言い換えれば、企業に関する株式調査リポートを読むことよりも、その企業の財務諸表に目を通すことに多くの時間を費やすべきである。企業に関する他人のバリュエーションに目を向ける場合、常にその評価の理由、そしてアナリストの判断に影響を与えている可能性があるバイアスについて考えるべきである。概して、バリュエーションのプロセスでバイアスが多ければ多いほど、そのバリュエーションの判断の説得力は低くなる。

バリュエーション（優れたものであっても）は間違う

　幼いころから、正しい段階を踏み、正しいモデルを用いれば、正しい答えにたどり着く、答えが正しくなかったら、それは何かを間違えたに違いないと教えられてきた。精度は数学や物理のプロセスの質を測る優れた尺度だが、バリュエーションの質を測るにはお粗末な尺度になる。将来に関する最良の推定値も、いくつかの理由から現実の数字とは合わないだろう。第一に、自らの情報源には非の打ち所がないとしても、生の情報を予想に転換しなければならず、

その段階で間違いを犯すと推定誤差につながる。次に、企業に関する想定が絶望的なまでに間違いとなることもある。企業の業績が予想よりもはるかに優れたものになるかもしれないし、はるかにひどいものになるかもしれない。その結果、利益やキャッシュフローは自分の推定値とは異なるものになる。これは企業特有の不確実性と考えるべきである。例えば、2001年にシスコを評価したとき、われわれは将来同社が買収による成長を続けていくことがどれほど難しいかを著しく過小評価していたので、結果として同社を過大評価していた。最後に、企業が予想どおりに発展するとしても、マクロ経済環境の変化は予想がつかない。金利は上がることもあれば、下がることもあり、経済は予想よりも好調なことも不調なこともある。われわれが行った2019年11月のマリオットのバリュエーションは、あとになって見れば絶望的なまでに楽観的に思える。それは2020年の世界的なパンデミックと、それがホスピタリティー業界に与えた経済的影響を予想していなかったからだ。

　どのような不確実性に直面するか、どれほど不確実かは企業によって異なり、投資家に及ぼす影響もさまざまである。まず、若いグロース企業を評価する場合には、成熟した企業を評価する場合よりも大きな不確実性に直面するので、バリュエーションを精度で判断することはできないということである。そして、不確実性は無視したからといって、なかったことにはならない。企業を評価しようとするだれもが同じ不確実性に直面するので、将来の見通しがあまりに不確実だからといって企業の評価を避けるのは意味をなさない。最後に、より多くの情報を集め、分析しても、必ずしも不確実性が低下するわけではない。不確実性は推定誤差が原因となるだけでなく、将来は不確実であるという現実を反映してもいるからである。

シンプルなほど良い

　バリュエーションは過去20年でますます複雑になっており、その原因は２つの進歩にある。１つは、コンピューターと計算機がかつてよりも高性能かつ利用しやすくなっているので、データ分析が容易になっている。もう１つは、情報がますます豊富になり、入手するのも利用するのも容易になっている。

　バリュエーションでは、どれだけ細かいバリュエーションを行うべきかという根本的な疑問があるが、そのトレードオフは分かりやすい。詳細になればなるほど、具体的な情報を利用し、より良い予測ができるチャンスがある。だが、より多くのデータを入力する必要性が生まれるので、その１つ１つで誤りを犯す可能性があり、バリュエーションモデルがより複雑かつ分かりにくいものになる。物理科学で広く知られるオッカムの剃刀を参考に、シンプルな規則を示す。資産を評価する場合は、できるかぎりシンプルなモデルを使うことを勧める。３つの入力値で資産が評価できるなら、入力値を５つも使ってはならない。向こう３年間の予想で企業が評価できるならば、10年分のキャッシュフローを予想するのはトラブルのもとである。少ないほうがより良いのだ（Less is more）。

さあ、出発！

　ほとんどの投資家は企業の評価をしないことを選び、さまざまな言い訳をする。バリュエーションモデルが複雑すぎる、十分な情報がない、またはあまりに不確実すぎるといった具合である。これらすべての理由にはいくらかの真実があるが、取り組まない理由はな

い。バリュエーションモデルを簡潔にすることはできる。今ある情報でバリュエーションを行うこともできる。そして、将来は常に不確実なのである。あとになって間違っていたことが分かることがあるだろうか。もちろんだ。だが、だれでもそうだろう。投資は正しければ成功するのではない。ほかのだれよりも誤りを減らすことで成功するのである。

第2章
取引の電動工具——時間価値、リスク、そして統計
Power Tools of the Trade -- Time Value, Risk, and Statistics

　エヌビディア（NVID）を買うべきだろうか。現在は無配だが成長の可能性は高く、将来についてはかなり不確実な企業である。もしくは、アルトリア（MO）を買うべきだろうか。成長見通しは限られているが、安定した利益を出している高配当企業である。アルトリアは、ほかのタバコ会社に比べて割安だろうか。これらを評価するためには、今日のキャッシュフローと将来のキャッシュフローを比較し、リスクが価値にどのような影響を及ぼすかを評価し、十分な情報をもって売買できるようにしなければならない。そのための道具を本章で紹介する。

時は金なり

　金融では最もシンプルな道具が往々にして最も強力である。今日の1ドルは将来の1ドルよりも好ましいという考えはほとんどの人々にとっても直感的に分かりやすく、モデルや計算を利用しなくても理解できる。現在価値（PV）の原則を用いることで、将来のある時点における1ドルが今日ではどれだけの価値を持つかを正確に算

出し、異時点のキャッシュフローを比較することができる。

　将来のキャッシュフローは今日の同額のキャッシュフローよりも価値がない理由が3つある。

1．人々は将来消費するよりも、今、消費することを好む。
2．インフレは時間の経過とともに現金の購買力を減少させる。将来の1ドルは今日の1ドルよりも購買力が低くなる。
3．将来、約束されたキャッシュフローが手に入らないかもしれない。待つことにはリスクが伴う。

　これらの要素を反映して将来のキャッシュフローを調整するプロセスを割り引きと呼び、これら要素の重大さは割引率に反映される。割引率は、期待実質リターン（消費の好みを反映）と期待インフレ（キャッシュフローの購買力を把握）、そしてキャッシュフローに付随する不確実性に対するプレミアムを合成したものだと考えることができる。

　割り引きのプロセスを通じて、将来のキャッシュフローを今日の価値に転換する。キャッシュフローには5つのタイプがある。つまり、①シンプルなキャッシュフロー、②アニュイティー（年金型）、③増大するアニュイティー、④パーペチュイティー（永久債型）、⑤増大するパーペチュイティ――である。

　シンプルなキャッシュフローは将来の特定の期間における単一のキャッシュフローである。キャッシュフローを割り引いて今日のドル価（現在価値）に転換すれば、異時点のキャッシュフローを比較できる。キャッシュフローの現在価値は次のように算出する。

現在価値＝将来のキャッシュフロー÷（1＋割引率）^{期間数}

そのため、割引率を8％とした場合の10年後の1000ドルの現在価値は次のようになる。

1000÷（1.08）^{10}＝463.19ドル

ほかの条件を同じとすれば、将来のキャッシュフローの現在価値は将来になればなるほど小さくなり、それを手にすることの不確実性が高まれば高まるほど小さくなる。
　アニュイティーは一定期間に定期的に発生する一定のキャッシュフローである。個々のキャッシュフローを割り引き、それを足すことで現在価値を算出でき、次の方程式を利用することもできる。

年間のキャッシュフロー×（（1－1÷（1＋割引率）^{期間数}）÷割引率）

　説明のために、自動車を1万ドルの一括払いで買うか、毎年末に年3000ドルを5年間支払う分割払いとするかを選ぶと想定してほしい。割引率が12％ならば、分割払い方式の現在価値は次のようになる。

3000×（（1－1÷（1＋0.12）^5）÷0.12）＝10,814ドル

　現在価値で見ると、分割払い方式よりも一括払いのほうが費用は少ない。この方程式は年初時点で発生するキャッシュフローにも適

用できる。その場合、現在価値を割引率の12%で１年分複利計算するだけでよい。価額は１万2112ドル（１万0814ドル×1.12）になる。

　増大するアニュイティーは特定の期間にわたり一定の割合で増大するキャッシュフローである。昨年150万ドルのキャッシュフローを生み出し、向こう20年にわたりキャッシュフローを生み出し続ける金鉱山の権利を有しているとしよう。金価格が上昇するか、生産量が増大することでキャッシュフローは年３％増える。そしてこのキャッシュフローに付随する不確実性を反映して割引率を10％とすると、この鉱山が生み出すゴールド（金）の現在価値は1614万6000万ドルになる。この価額は成長率が上昇すれば増大し、割引率が上昇すれば減少する。この計算に用いた現在価値の方程式は次のとおりである。

$$= キャッシュフロー(1 + g)((1 - (1 + g)^n \div (1 + r)^n) \div (r - g))$$
$$= 150 \times (1 + 0.03) \times (1 - (1.03)^{20} \div (1.10)^{20}) \div (0.10 - 0.03))$$
$$= 1614.6万ドル$$

（個々のキャッシュフローの現在価値を算出し、足すと、同じ値が得られる）

　パーペチュイティーは一定の間隔で永遠に発生する一定額のキャッシュフローで、キャッシュフローを割引率で割ることで現在価値が算出できる。

PV ＝各期のキャッシュフロー÷割引率

　パーペチュイティーの最も一般的な例がコンソル債である。これ

は永久に一定額の金利（もしくはクーポン）が支払われる債券である。毎年60ドルのクーポンをもたらすコンソル債の価値は、金利を９％とすれば、次のようになる。

60ドル÷0.09＝667ドル

　増大するパーペチュイティーは一定割合で永久に増大することが期待されるキャッシュフローである。増大するパーペチュイティーの現在価値は次のようになる。

翌年の予想キャッシュフロー÷（割引率－期待成長率）

　増大するパーペチュイティーと増大するアニュイティーにはいくつか共通の特徴があるが、増大するパーペチュイティーは永続するという事実が成長率に制約をもたらす。方程式が機能するためには、成長率は割引率よりも小さくなければならない。だが、さらに厳しい制約は、用いられる成長率は経済の名目成長率よりも低くなければならないことだ。なぜなら名目成長率よりも早く増大するキャッシュフローを永久に生む資産などないからである。
　簡単な例について考えてみてほしい。昨年２ドルの配当を支払った株式を評価するとしよう。この配当は年２％で永久に増大すると予想し、この株式への投資に求めるリターンはリスクを考えて８％とする。これらの値を永久成長モデルに当てはめると株式の価値が算出できる。

＝翌年の期待配当額÷（要求リターン－期待成長率）

```
= 2ドル×（1.02）÷（0.08 − 0.02）
= 34.00ドル
```

　このようなキャッシュフローは事実上、あらゆる金融資産に欠かすことのできない基礎的な要素である。債券や株式や不動産は突き詰めれば、一連のキャッシュフローに分解できる。そのキャッシュフローを割り引けば、あらゆる資産を評価できる。

リスクに取り組む

　16～17世紀に初めて株式が取引されるようになったとき、入手できる情報はほとんどなく、その限られた情報を処理する方法もほとんどなかった。株式に投資していたのは極めて裕福な者たちだけで、彼らでさえ詐欺を疑っていた。20世紀の初めに新たな投資家たちが金融市場に参入すると、個別銘柄のリターンや価格のデータを収集し、基本的なリスクを算出するサービスが始まったが、それらのリスク指標の大半は短絡的なものにすぎなかった。例えば、多額の配当を支払う鉄道株は、製造業や海運業の株式よりもリスクが低いと考えられていた。

　1950年代初頭、シカゴ大学のハリー・マコーウイッツという大学院生が、ポートフォリオのリスクは個々の銘柄にどれだけ投資するか、そして個別銘柄のリスクがどのくらいあるかだけではなく、それらの有価証券がどのように連動するかにも影響されることに気づいた。異なる向きに動く有価証券が同じポートフォリオのなかにあれば、ポートフォリオのリスクは個々の銘柄のリスクよりも低くなること、そして投資家は個別銘柄を保有するよりも、分散させたポ

ートフォリオを保有するほうが、リスクをとることのトレードオフがはるかに良くなることに気づいた。

　これを説明するために、ディズニー（DIS）のような企業に投資するときに直面するリスクについて考えてみよう。直面するリスクにはその企業特有のものもある。例えば、多額の予算をかけた次回作のマーベルが予想以上に成功するかもしれない、上海に建設した最新のテーマパークは予想よりも来場者が少ないかもしれない、といった具合である。ディズニーだけでなく、業界内の競合他社にも影響を及ぼすリスクもある。放送事業の性質を変えてしまう規制によって、ディズニーのネットワーク（ABCとESPN）やディズニープラスのストリーミングサービスの収益性が変わってしまう。これらプラットフォームの視聴率は、競合他社と比較したコンテンツの強さによって決まる。またマクロ経済の要素に起因するリスクもあり、それは程度の差こそあれ、市場のほとんどすべての企業に影響を与える。例えば、金利の上昇や景気後退はすべての企業の収益性に悪影響を及ぼす。これらそれぞれの側面で予想よりも良いニュースや悪いニュースに直面する可能性があることを肝に銘じてほしい。手持ちの資金をすべてディズニーに投資するとしたら、これらすべてのリスクにさらされる。たくさんの銘柄からなる大きなポートフォリオの一部としてディズニーを保有するならば、1銘柄か、少数の企業に影響を及ぼすリスクはポートフォリオのなかでなされる。つまり、個々の企業で予想よりも悪いことが起こるとしたら、別の企業で予想よりも良いことが起こることもあるだろう。多くの企業に影響を及ぼすマクロ経済のリスクは分散できない。分散を図ろうとする投資家であれば、この市場リスクこそが上場公開企業に投資する者として検討しなければならない唯一のリスクとなる。

配慮すべき唯一のリスクは分散できないリスクであるというマコーウイッツの前提条件を受け入れるとしたら、この市場全体のリスクに対する企業のイクスポージャーを測るにはどうしたらよいだろうか。最も広く用いられているモデルが、1960年代初頭に考案されたCAPM（資本資産モデル）である。このモデルでは、投資家は取引費用を負わず、同じ情報を共有していると仮定する。分散をしてもコストがかからず、また分散をしないことで得することもないので、個々の投資家はすべての上場株（市場ポートフォリオ）からなる高度に分散したポートフォリオを保有している。次に、個々の資産に付随するリスクはこの「市場ポートフォリオ」に付加される。これはベータで測定される。ベータは相対的なリスク指標で、1を中心に標準化される。つまり、ベータが1を上回る銘柄は平均的な銘柄よりも市場リスクへのイクスポージャーが高く、ベータが1を下回る銘柄はイクスポージャーが低い。そして、投資の期待リターンは次のように表現される。

＝無リスクレート＋ベータ×（平均的なリスクを持つ投資対象のリスクプレミアム）

　CAPMは直感的にも分かりやすく、使いやすいが、非現実的な前提に基づいている。さらに不安にさせるのが、過去数十年に行われた研究によれば、CAPMのベータは銘柄間のリターンの差異を説明するうえではあまり良い仕事をしていない。結果として、CAPMに代わるものとして、3種類のモデルが考案されてきた。1つ目がマルチベータモデルだ。これは1つの投資によって分散されたポートフォリオに付加されるリスクを、1つのベータではなく、

複数のベータで測定する。個々のベータはさまざまな種類の市場リスク（固有のリスクプレミアム）へのイクスポージャーを測定している。2つ目がプロキシーモデルで、これは過去に高いリターンをもたらした企業の特徴（時価総額やPBR［株価純資産倍率］など）に目を向け、それを用いてリスクを測るものである。最後の方法では、リスク指標にファンダメンタルズを反映させるために、企業の事業や利益の安定性に目を向けることで、企業のリスクを推定する。

　これらすべてのモデルは非現実的な仮定をしているか、パラメーターを正確に推定することはできないので、欠点があることは間違いない。だが、次に挙げることに疑念の余地はない。

- **リスクは重要**　ポートフォリオ理論に賛成しないとしても、投資をするときにリスクを無視することはできない。
- **ほかの投資よりもリスクが高い投資はある**　相対リスクの指標としてベータを利用しないならば、相対リスクを測る代替的な指標を考え出さなければならない。
- **リスクの価格は価値に影響を及ぼし、この価格を決めるのは市場**

　CAPMやマルチベータモデルを受け入れられないかもしれない。だが、リスクを測定し、それを自らの投資判断に取り入れる方法を考案しなければならない。

会計入門

　基本的な財務諸表は3つある。1つ目が**貸借対照表**だ。これはある時点で企業が保有する資産、その価額、それらを取得するために

用いた負債と自己資本をまとめたものである。**損益計算書**は企業の営業活動と長期的な収益力に関する情報を提供する。**キャッシュフロー計算書**は企業が営業活動、財務活動、投資活動からどれだけの現金を生み出し、費消したかを詳細に記録する。

　会計士は資産の価値をどのように測定するのだろうか。土地や建物、設備など、長期の固定資産のほとんどについては、当初その資産に支払った金額（取得原価）からその資産の経年劣化分の価額（減価償却費）を引く。在庫（原材料、仕掛品、完成品）や売掛金（企業がまだ受け取っていない代金）、現金などの短期の資産（流動資産）については、会計士は最新の価額や市場価値を利用する。企業が有価証券やほかの企業の資産に投資している場合、その投資が売買目的ならば最新の市場価値で評価され、売買目的でなければ取得原価で評価される。別の企業の50％超を保有している（子会社）特殊なケースでは、企業はその子会社の資産と負債をすべて自社の貸借対照表に記録し（連結会計）、子会社のうち自社で保有していない部分については少数株主持ち分として記録しなければならない。最後に、大まかに分類される無形資産がある。普通はブランド名や顧客ロイヤルティー、熟練労働力などを無形資産と考えるだろうが、会計で最も頻繁に遭遇する無形資産はのれん代である。ある企業が別の企業を買収する場合、支払った金額はまず買収した企業の既存の資産に割り振られる。支払った金額のうち既存資産の価額を超えた部分がのれん代となり、資産として計上される。会計士が買収対象となった企業の価値が買収以降に低下したと判断すれば、こののれん代は減額または減損処理されなければならない。

　資産価値の計上と同じように、負債と自己資本の会計上の分類は一連の厳格な規則に準拠する。流動負債には買掛金や短期借入金な

図2.1　会計の貸借対照表

	資産	負債	
原価で計上	現金以外の流動資産	流動負債	原価で計上
時価で計上	現金と市場性有価証券	有利子負債	当初の調達価額で計上
取得原価で計上し、減価償却費を引く	有形固定資産	会計上の負債	見積り価額で計上
取得原価で計上し、再調達原価や時価で値洗い	売買目的有価証券	株主資本	会計記録の合計で、簿価と留保利益を足す
ほとんどが差額の調整（のれん代）	無形資産		

ど、1年以内に支払期限が到来する債務が含まれ、通常、これらの科目は現在の市場価値で計上される。銀行借り入れや社債などの長期借入金は通常、発行時点の額面で計上され、値洗いは行われない。最後に、貸借対照表に計上される自己資本の価額は株式を発行したときに企業が受け取った当初の価額に、それ以降に獲得した利益分を増額し（損失を出した場合は減額）、払い出した配当金や自社株買いの額を減額したものになる。**図2.1**には貸借対照表に適用される一般的な会計原則をまとめている。

　会計上の利益と収益性は基礎になる2つの原則に基づいて計上される。1つ目が発生主義会計である。財やサービスの販売による収益はその財が販売されるか、サービスが提供される（すべて、または実質的に）会計期間に認識され、収益を生み出すために発生した費用は当該収益と対応表示される。2つ目は費用を、営業や金融や資本支出に分類することである。

図2.2　会計の損益計算書

	科目	説明
始め	収益	企業が当該期間に行った取引で生み出した収益や売上高の会計士による推定額
引く	売上原価	企業が販売した製品やサービスを生み出すことに直接関係する費用の推定値
算出	**売上総利益**	その他間接費や金融費用を考慮する前の事業の収益性
引く	営業費用	当該年度の事業に関係し、翌期以降に利益が波及しないすべての費用を含む
算出	**営業利益**	事業の収益性
引く	金融費用	株式以外の資金調達（借り入れなど）にかかる費用
足す	金融収益	現金残高や金融投資（企業や有価証券）がもたらした収益
算出	**税引き前利益**	株主に属する税引き前の利益
引く	法人税など	課税収益に基づく税金（実際に支払う税額と同じにならないこともある）
算出	**純利益**	株主に属する税引き後の利益

- 営業費用は、少なくとも理論上は当期にかぎり利益をもたらす費用である。当期に販売される製品を製造するために投じられた人件費や原材料費が好例だ。
- 金融費用は、事業資金を調達するために行われた株式以外での資金調達にかかる費用で、最も一般的な例が支払い金利である。
- 資本支出は、複数の会計期間にわたって利益を生み出すことが期待されるものである。例えば、機械や建物を購入した費用は資本支出として扱われ、減価償却費や減耗費として長期に分散される。

営業費用と減価償却費を収益から引くことで営業利益が得られ、さらに金利と税金を差し引いた後の利益が純利益と呼ばれる。**図**

2.2では、会計士が純利益を算出するまでの順序を見直している。

　損益計算書は、会計期間に行われた取引に付随して発生する収益と費用に基づいて発生主義に基づく利益を測定するものだが、当該期間の資本支出は含まない。結果として、企業のキャッシュフローは利益とは異なるものになる。そして、事業に付随するキャッシュフローを会計的に捉えようとするのがキャッシュフロー計算書である。この計算書は3つのパートに分かれている。営業活動によるキャッシュフローの部分は、株主が営業活動からどれだけのキャッシュフローを得たかを測る。そこでは非現金費用を足し、現金を伴わない運転資本の変化を引く。投資活動によるキャッシュフローの部分では資本支出と現金による買収に目を向け、財務活動によるキャッシュフローの部分では、借り入れによる資金調達による現金の流出入（社債の発行や返済）や株主との資金のやり取り（新株発行や自社株買い）に目を向けている。図2.3では、キャッシュフロー計算書を構成要素に分解している。

　相対的に収益性を測るために、収益と利益を比較して利益率を推定することができる。これは経営の観点（営業利益率＝営業利益÷売上高）からも、株式投資家の観点（純利益率＝純利益÷売上高）からも算出できる。図2.4では利益率のさまざまな指標を見直している。

　企業がどれだけうまく資本を投じているかを測るためには、企業の投下資本と比較した税引き後営業利益に目を向ければよい。ここでは、資本は負債と自己資本の簿価（BV）の合計から現金と売買目的有価証券の価額を引いたものと定義される。これがROC（資本利益率）またはROIC（投下資本利益率）であり、計算方法は次のとおりである。

第1部　全力で進め——バリュエーションの基礎

図2.3　会計のキャッシュフロー計算書

影響	科目	理由
始め	純利益	自己資本に帰属する利益
加算	減価償却費と減耗費	非現金科目の戻入
加算	その他非現金費用	
加算か減算	売掛金の変動	事業が生み出した自己資本に帰属する現金を算出
	在庫の変動	
	その他流動資産の変動	
	買掛金の変動	
	支払い法人税の変動	
小計	営業活動によるキャッシュフロー	

影響	科目	理由
減算	資本支出	営業資産への投資
加算	資産の売却	
減算	現金による買収	
減算	金融資産への投資	非営業資産への投資
減算	非営業資産への投資	
加算	有価証券および非営業資産の売却	
小計	投資活動によるキャッシュフロー	

影響	科目	理由
加算	借り入れによる調達	借り入れを通じた資金移動の純額
減算	借り入れの返済	
加算	新株発行	株主との資金移動の純額
減算	支払い配当	
減算	自社株買い	
小計	財務活動によるキャッシュフロー	

図2.4 収益との比率で見た収益力（利益率）

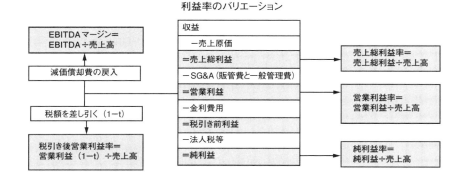

税引き後ROC＝営業利益×（1－税率）÷（負債のBV＋自己資本のBV－現金）

　ROCは業界によって大きく変わり、競争の厳しい業界ほど低くなる傾向にある。ROE（株主資本利益率）は、株主に帰属する利益（税金および金利費用を差し引き後の利益）と株主資本の簿価とを比較することで株式投資家の観点から収益性を測るものであり、次のように算出する。

ROE＝純利益÷普通株の簿価

　貸借対照表は企業の投資や資金調達の記録に関する情報を提供してくれるので有用だが、企業の過去の状態を示しているにすぎない。

表2.1　企業独自の会計基準による貸借対照表

測定内容	説明
既存資産	すでに行った投資の価額で、現時点におけるキャッシュフローを生み出す能力を反映して更新
＋成長のための資産	企業が将来行うことが予想される投資の価額（成長機会の認識に依存する）
＝事業の価値	事業の価値は既存の資産と成長のための資産の合計
−負債	貸し手は事業が継続している間のキャッシュフローと清算時の資産売却よる資金に対する第一請求権を持つ
＝自己資本の価値	株式投資家は負債が返済された後に残った財産を手にする

将来の姿を把握するためには代替案を検討しなければならない。それが**表2.1**で説明する企業独自の会計基準による財務諸表だ。

　企業独自の会計基準による財務諸表は、表面上は会計の貸借対照表に似ているが、2つの点で重要な違いがある。第一に、資産を耐用年数や有形か無形かで分類するのではなく、企業がすでに行った投資（既存の資産）か、企業が将来行うと予想される投資（成長のための資産）かで分類する。第二に、それら資産にすでに投資した金額ではなく、将来の予想に基づき現在の価額で計上する。資産は現在の価額で計上されるので、負債と自己資本の価額も更新される。アメリカおよび国際的な会計基準は「公正価値」会計に向かっている。簡潔に記せば、これによって会計の貸借対照表は企業独自の会計基準による財務諸表に近似するようになるということである。

データを理解する

　今日、われわれが財務分析で直面する問題は、情報が少なすぎることではなく、多すぎることである。相矛盾することが多い大量の情報を理解することが企業を分析することの一部となっている。統計学を用いれば、この作業が容易になる。

　データの提供方法は3つある。1つ目の最もシンプルな方法は個々のデータを提供し、利用者に理解させることである。そのため、ある化学企業のPER（株価収益率）を同業他社の4社の化学企業のPERと比較するアナリストは個々のデータを利用する。データの数量が増えるにつれ、個々のデータを追跡するのが難しくなるので、われわれはデータをまとめる方法に目を向ける。そのような要約統計で最も一般的なのがすべてのデータの平均と、その平均からの乖離を測定する標準偏差である。要約統計は便利だが、ミスリーディングになる恐れがある。その結果、何千もの情報が示された場合、それぞれのデータを特定の値（範囲）に分類し、それぞれの値や範囲に属するデータの個数を数えて、情報を理解しやすくする。これは度数分布と呼ばれる。データを分布で示すことの利点は2つの要素からなる。1つ目は、最大規模のデータでさえ分布図に要約でき、どの値が最も頻繁に発生するか、そして大きな値と小さな値の範囲を測定できる。2つ目は、結果として作成される分布図が数多くある一般的な統計分布の1つに類似することだ。例えば、正規分布は分布が左右対称で、ピークが分布図の中央に位置し、テールは正の値でも負の値でも無限に広がる。だが、すべての分布図が左右対称なわけではない。**図2.5**が示すように、正の極端な値に偏ることで正に歪んだものもあれば、負の極端な値に偏ることで負に歪んだも

図2.5　正規分布と歪曲分布

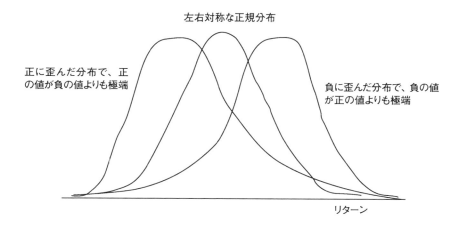

のもある。

　どうして気にしなければならないのだろうか。歪曲分布では、平均値が典型的な値を示す優れた指標とならない可能性があるからだ。正（負）に歪んだ分布では、平均値は極端な正（負）の値によって押し上げ（下げ）られる。このような分布では、分布の中点（すべてのデータの半分がその値より大きくなり、残りの半分がその値より小さくなる）に当たる中央値のほうが優れた指標になる。

　２つのデータ系列に目を向ける場合、１つの変数の動きがほかの変数に影響を与えるかどうか、またどのように影響するかを知っておくと便利である。例えば、インフレ率と金利という広範に観察されている２つの変数について考えてみよう。そして、それらがどのように連動するかを分析するとしよう。この連動性を測る最もシンプルな尺度が相関だ。インフレ率が上昇するときに金利が上昇する

図2.6　インフレ率に対する金利の散布図

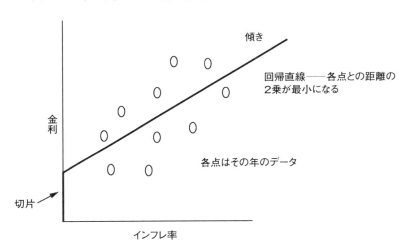

ならば、変数は連動し、正の相関関係がある。インフレ率が上昇するときに金利は下落するならば、負の相関関係がある。相関関係がゼロに近いとすれば、それは金利とインフレ率は互いに無関係であり、相関が1であれば2つの変数は同じ方向に動くことを意味する。相関関係で2つの変数がどのように連動するかが分かり、単回帰分析を用いればさらに歩を進めることができる。例えば、インフレ率の変化が金利の変化にどのような影響を及ぼすのかを分析したいとしよう。まずは**図2.6**に示したように、10年分の金利のデータとインフレ率のデータから散布図を作成する。

散布図の10個の点はそれぞれある年のインフレ率と金利を反映したデータを意味している。通常の最小二乗法（OLS）による回帰分析を行うと、回帰直線が得られる。これは、直線と各点との距離（垂直）の二乗の合計が最小となる線である。回帰直線を導出すると、

2つのパラメーターが得られる。1つは切片、もう1つは回帰直線の傾きである。今回のケースでは回帰分析の結果は次のようになる。

金利＝1.5％＋0.8（インフレ率）、R^2＝60％

　切片はインフレ率がゼロの場合の金利の期待値を示す。今回のケースでは、その値は1.5％になる。回帰直線の傾き（ｂ）は、インフレが１％変化するごとに金利がどれだけ変化するかを示す。今回のケースでは、その値は0.8％だ。２つの変数が正（負）の相関関係にあれば、傾きも正（負）になる。回帰方程式を用いることで従属変数の予想値を推定できる。つまり、インフレ率が２％になると予想しているならば、金利は3.1％（1.5％＋0.8×２％＝3.1％）と予想できる。重回帰分析では、この方法論を適用して１つの従属変数を複数の独立変数で説明しようとする。例えば、インフレ率と経済全体の成長率の双方を用いて、金利の変化を説明しようとするのである。単回帰分析でも、重回帰分析でも、Ｒの２乗は従属変数のばらつきのうちどれだけが独立変数で説明できるかを示す。つまり、前の例では、金利のばらつきの60％はインフレ率の変化で説明できる。

道具箱はいっぱい

　本章で論じた道具を用いればたくさんのことができる。時間価値というコンセプトを用いれば、投資が生み出す異時点のキャッシュフローを比較したり、足したりできる。金融のリスクとリターンのモデルによって、企業への投資のコストを算出することができ、さ

らには異なる事業を行う企業を比較評価できる。利益やキャッシュフローのデータの多くは財務諸表で得られる。最後に、われわれが入手しなければならない情報が膨大な量に上ることから、データを圧縮し、各データ間の関係性を示してくれる統計的尺度を用いることで、有益な洞察が得られる。さあ、この道具箱を持って、具体的な企業に取り掛かろう。

第3章
すべての資産に本源的価値がある
——本源的価値の決定

Yes, Virginia, Every Asset Has an Intrinsic Value -- Determining Intrinsic Value

　自分は世界で最も有名なブランドの1つともなっている食品加工会社のクラフト・ハインツ（KHC）への投資を検討している投資家だとしてみよう。いまや同社に関する情報に基づいて、この投資から得られる期待キャッシュフローを推定し、そのキャッシュフローのリスクを評価することはできる。本章では、これらの予想値をクラフト・ハインツの価値の推定値に転換する。

事業を評価するのか、それとも自己資本だけの評価か

　割引キャッシュフロー法によるバリュエーションでは、期待キャッシュフローをリスク調整済みの金利で割り引く。企業を評価するという文脈で用いる場合、1つの方法は既存の資産と成長のための資産の双方を用いて、事業全体を評価することである。これは企業価値評価と呼ばれている。もう1つの方法は、企業の自己資本の評価に焦点を当てるものである。表3.1は第2章で紹介した企業独自の会計基準による財務諸表の科目を用いて2つの方法論の枠組みを示している。

表3.1　バリュエーションの選択肢

測定内容	説明
既存資産	
＋成長のための資産	
＝事業の価値	事業全体を評価するために、債務を支払う前のFFCFを、負債と自己資本を含めた資金調達全体のコスト（資本コスト）で割る
－負債	事業の価値から債務を引くことで自己資本の価値が得られる
＝自己資本の価値	自己資本を直接評価するためには債務を支払ったあとで残ったFCFEを自己資本のコストで割る

　この文脈でクラフト・ハインツの株式を買うべきかどうかという問題を捉えると、選択肢が2つある。クラフト・ハインツの事業を評価し、同社が負っている債務を引くことで、同社の自己資本の価値を算出することができる。もしくは、クラフト・ハインツが債務を支払ったあとで残ったキャッシュフローに焦点を当て、株式のリスクで調整することで、同社の自己資本を直接評価することもできる。正しく行えば、どちらの方法論を用いても1株当たりの価値の推定値は近似するはずである。

本源的バリュエーションの入力値

　価値を推定するために必要となる基本的な入力値が4つある。既存資産が生み出すキャッシュフロー（必要となる再投資額や税金は引く）、このキャッシュフローの予想期間における期待成長率、資

産を賄う資本を調達するためのコスト、予想期間の末時点での企業の価値の推定値である。これらの入力値は、企業という観点からも、株式投資家の観点からも定義することができる。われわれは、クラフト・ハインツを例に、同社の2022年の年次報告書のデータを用いてこれらの指標を説明していく。

キャッシュフロー

　同社の株式を取得することで同社から得られるキャッシュフローの最もシンプルで直接的な指標になるのが配当である。クラフト・ハインツは2022年に19億6000万ドルの配当金を支払った。配当に注目することの制約の1つが、多くの企業が配当を支払っていないこと、そして株主に現金を還元するメカニズムとして配当から自社株買いに移行している企業があることだ。現金を手にするのは自社株買いに応じる株主だけだが、それでもそれは株式投資家に現金を還元することを意味している。この点を調整するシンプルな方法が、配当と自社株買いを足し、株主に還元される現金の累積額に目を向けることである。

拡張配当＝配当金＋自社株買い

　配当とは異なり、自社株買いはある年に急増することがあるので、数年分の平均を取り、1年間の数字としてより妥当な値を算出する必要があるかもしれない。アメリカの成熟した企業の多くとは異なり、クラフト・ハインツは過去10年で自社株買いはしなかったので、われわれは配当にそれを足す必要はない。彼らが自社株買いをして

表3.2　純利益から配当余力（FCFE）を算出するまで

測定内容	説明
純利益	税金と金利費用を支払った後で株主に帰属する利益
＋減価償却費	会計上の費用（利益を減らす）だが、現金支出は伴わない
−資本支出	会計上の費用ではないが、現金は流出する
−非現金運転資本の増減	在庫や売掛金の増加はキャッシュフローを減らし、買掛金の増加はキャッシュフローを増やす。運転資本が増加すれば、キャッシュフローは減少する
−（元本返済−新規借り入れ）	元本の返済は現金の流出となり、新規の借り入れは現金の流入となる。その純額が株主に帰属するフリーキャッシュフローに影響する
＝配当余力、FCFE	すべての必要を満たしたあとに残った現金。この値がプラスなら配当余力があることを意味する。マイナスなら現金が不足し、新たに自己資本を調達することで埋め合わせなければならない

いたら、その額（直近の数値か長期的な平均値）を配当に足す。

　配当でも拡張配当でも、上場公開企業の経営者たちは営業活動や再投資の必要性を満たしたあとで残った余剰資金を株主に払い出していると、われわれは信用していることになる。だが、ほとんどの上場公開企業が多額の現金残高を保有していることが示しているように、経営者たちが常にこの慣行に従うとは限らないことは分かっている。経営者が株主にどれだけ還元できるかを推定するために、配当余力を測る指標が考案されている。それを株主に帰属するフリーキャッシュフロー（FCFE）と呼んでいる。直観的に表現すると、株主に帰属するフリーキャッシュフローは、税金、再投資に必要な資金、債務に充てるキャッシュフローを満たしたあとに残った現金

表3.3　2020〜2022年のクラフト・ハインツのFCFE

	2022年	2021年	2020年
純利益	$2,368.00	$1,024.00	$361.00
＋減価償却費と減耗費	$933.00	$910.00	$969.00
＋のれん代の減損	$913.00	$1,634.00	$3,399.00
－資本支出	$1,309.00	－$4,035.00	$596.00
－非現金の運転資本の増減	$1,761.00	$636.00	－$115.00
債務を考慮する前のFCFE	$1,144.00	$6,967.00	$4,248.00
＋債務による調達	$228.00	$0.00	$7,500.00
－債務の返済	$1,683.00	$8,161.00	$10,655.00
FCFE	－$311.00	－$1,194.00	$1,093.00

を測るものである。その算出手順を**表3.2**に示している。

　簡潔に記せば、まず資本支出から減価償却費を引く。結果として得られる正味資本支出は長期的な資産への投資額を表す。正味資本支出を非現金の運転資本に足すと、再投資の総額が得られる。この再投資額は株主に帰属するはずだったキャッシュフローを減らすが、将来の成長という意味で利益をもたらす。2020〜2022年までのクラフト・ハインツの配当余力やフリーキャッシュフロー（株主に帰属するフリーキャッシュフロー）を算出した様子をまとめたのが**表3.3**である。

　これらの数値を得るために、私はクラフト・ハインツのキャッシュフロー計算書を利用し、いくつか計算上の仮定を行った。現金による買収と資産売却の純額を算入した。これは表では資本支出に含めている。また2020〜2022年までに発行したコマーシャルペーパーと返済分は債務による調達と債務の返済に含めた。最後に、非現金の運転資本の増減に繰り延べ税金がキャッシュフローに与える影響

を織り込んでいる。

　クラフト・ハインツが2022年に資本支出に再投資した額は比較的少ないが、非現金の運転資本に多額の投資（17億6100万ドル）を行っており、繰り延べ税金も多かった。だが、運転資本の変動は大きく、2020年には運転資本が少しマイナスとなり、2021年には増加し、2022年にはさらに大きく増加した。債務に付随するキャッシュフローを勘案すると、2022年のクラフト・ハインツの株主に帰属するフリーキャッシュフローはマイナス3億1100万ドルとなり、2021年がマイナス11億9400万ドルとなり、その前の年は10億ドルを超えるプラスの株主に帰属するフリーキャッシュフローがあった。ウォーレン・バフェットが「株主利益」と呼ぶ株主に帰属するフリーキャッシュフローのより保守的な見方では、借り入れによる正味キャッシュフローを無視する。クラフト・ハインツでは、債務によるキャッシュフローを考慮する前のフリーキャッシュフローはいずれの年もプラスであり、資産を売却したことで2021年は大きく増大していた。

　税金を支払い、必要となるすべての再投資に充当したあと、そして借り入れの金利や元本を支払う前に残った現金が企業に帰属するフリーキャッシュフロー（FCFF）となる。企業に帰属するフリーキャッシュフローを算出するためには、まず純利益ではなく営業利益から始め、営業利益の総額が課税対象になるなら支払う税金を引き、その後、再投資額を引く。再投資額は企業に帰属するフリーキャッシュフローを算出する方法とまったく同じように定義される。

FCFF＝税引き後営業利益－（資本支出－減価償却費）－非現金の運転資本の増減

前に示した再投資の定義を用いれば、企業に帰属するフリーキャッシュフローは次のように表現することもできる。

再投資率＝（資本支出－減価償却費＋非現金の運転資本の増減）÷税引き後営業利益
FCFF＝（税引き後営業利益）×（1－再投資率）

　再投資率は、企業が稼いだ金額以上に再投資をすれば100％を超えることもある。また資産を売却したり、資本が縮小したりしている企業ではゼロを下回ることもある。株主に帰属するフリーキャッシュフローも企業に帰属するフリーキャッシュフローも税金と再投資額を差し引いたあとの金額であり、ともにマイナスになることはある。それは、企業が損失を出したか、再投資額が利益を上回っていることが理由になる。主な違いは、株主に帰属するフリーキャッシュフローが債務を考慮したあとのキャッシュフローであり、企業に帰属するフリーキャッシュフローが債務を考慮する前のキャッシュフローであることだ。2020〜2022年までのクラフト・ハインツの企業に帰属するフリーキャッシュフローを算出したのが**表3.4**である。
　これはクラフト・ハインツが2020〜2022年までに営業活動で獲得したフリーキャッシュフローを意味する。営業利益全体が課税対象（実際にはそうではない）であるかのように税額を算出し、企業に債務がなければ支払う税額の推定値を反映していることに注意してほしい。これこそが、この企業に帰属するフリーキャッシュフローがアンレバード・キャッシュフローと呼ばれる理由である。
　株主に帰属するフリーキャッシュフローと企業に帰属するフリーキャッシュフローのいずれの場合でも、利益が安定していたとして

表3.4 2020〜2022年のクラフト・ハインツのFCFF

	2022年	2021年	2020年
営業利益	$3,634.00	$3,460.00	$2,128.00
実効税率(t)	20.20%	40.10%	65.00%
営業利益×(1-t)	$2,899.93	$2,072.54	$744.80
＋減価償却費および減耗費	$933.00	$910.00	$969.00
＋のれん代の減損	$913.00	$1,634.00	$3,399.00
－資本支出	$1,309.00	－$4,035.00	$596.00
－非現金の運転資本の増減	$1,761.00	$636.00	－$115.00
FCFF	$1,675.93	$8,015.54	$4,631.80

も再投資額が増減するので、毎年のキャッシュフローは大きく変動することに注意してほしい。実際に、**表3.5**に示したように、2020〜2022年の期間の企業に帰属するフリーキャッシュフローの累積額とクラフト・ハインツの税引き後の営業利益を見ると、その期間に同社が再投資した金額が推定できる。

2022年、クラフト・ハインツは税引き後の営業利益の42.21％を再投資したが、2020年と2021年の再投資額はマイナスだった。つまり、取得した資産よりも売却した資産のほうがはるかに多く、事業としては縮小していた。

リスク

リスクがより高いキャッシュフローの価値は、より安定したキャッシュフローの価値よりも低く評価すべきである。従来の割引キャ

表3.5　2020～2022年のクラフト・ハインツの再投資額

	2022年	2021年	2020年	2020～2022年
EBIT×(1-t)	$2,899.93	$2,072.54	$744.80	$5,717.27
FCFF	$1,675.93	$8,015.54	$4,631.80	$14,323.27
再投資額	$1,224.00	－$5,943.00	－$3,887.00	－$8,606.00
再投資率	42.21%	－286.75%	－521.89%	－150.53%

ッシュフローモデルでは、リスクの高いキャッシュフローには高い割引率を適用し、安全なキャッシュフローには低い割引率を適用する。リスクの定義は、事業を評価しようとしているのか、自己資本を評価しようとしているのかによって決まる。事業を評価している場合、企業の事業活動のリスクに目を向ける。自己資本を評価しているならば、その事業への株式投資のリスクに着目する。これは、1つはその企業が属する業界のリスク、もう1つはその事業の資金を賄うためにどれだけの借り入れを用いているかによって決まる。安全な事業の自己資本も、企業がその事業を賄うために多額の借り入れを用いていれば、リスクが高くなる。割引率については、企業の自己資本のリスクは自己資本のコストで測るが、事業のリスクは資本コストで捉える。後者は自己資本のコストと負債のコストの加重平均となり、ウエートは資金調達の方法として用いている割合を反映したものになる。

　自己資本のコストを推定するために必要になる入力値は3つある。リスクフリーレート、すべての投資に適用するリスクの価格（株式

のリスクプレミアム)、個々の投資の相対リスク (ベータ) である。

- **リスクフリーレート**　リスクのない有価証券を発行できるのはデフォルトを起こすことのない組織だけで、一般的に10年物や30年物の国債の金利をリスクフリーレートとして利用する。これは暗に政府はデフォルトしないと仮定している。
- **ERP (株式のリスクプレミアム)**　これは、投資家がリスクのない投資の代わりに株式に投資するにあたり要求する年率のプレミアムであり、投資家が株式にどれだけのリスクがあると認識しているか、そしてそのリスクをどれだけ懸念しているかによって決まる。この数値を推定するために、アナリストは過去に目を向けることが多い。例えば、1928〜2022年までの期間に、株式は国債よりも年当たり5.06％高いリターンを生み出した。代替的な方法は、現在の株価の水準と将来の期待キャッシュフローから予想プレミアム (インプライド・エクイティー・リスク・プレミアム) を逆算することである。2023年7月、アメリカのインプライド・エクイティー・リスク・プレミアムはおよそ5％だった。この評価を行った時点での数値は近似していたが、2つの方法が算出する値は異なることがある。われわれは更新され、かつ絶えず変化するので、インプライド・エクイティー・リスク・プレミアムを好む。他国の株式のリスクプレミアムはアメリカのプレミアムを基準に推定できる。成熟した国であればアメリカのプレミアムを適用し、よりリスクの高い国であればより高い数値を適用する。企業のERPは登記された国ではなく、事業を行っている国を反映すべきである。
- **相対リスクまたはベータ**　ベータを推定するためには、株式が過

表3.6　KHCのベータを推定する

事業	推定値	事業の割合	セクターのベータ
食品加工業	30,146ドル	100.00%	0.69
企業としてのKHC	30,146ドル	100.00%	0.69

去に市場に比べてどのくらい変動したかに目を向けるのが一般的である。統計用語を用いると、市場指数（S&P500など）に対する株式（例えば、クラフト・ハインツ）のリターンの回帰線の傾きとなる。結果として、われわれが算出するベータの推定値はあと付け（過去のデータから算出するため）となり、ノイズが多くなる（推定値には誤差が生ずるため）。1つの解決策として、企業が行う事業が1つだけならば回帰分析によるベータをセクター平均のベータに置き換え、複数の事業を行っているならば、それらのセクターのベータを加重平均した値に置き換える。複数のベータの平均値をとれば、結果的に誤差を均すことができるので、セクターのベータのほうが個々の回帰分析のベータよりも精度は高い。

2023年7月、リスクフリーレートは10年物国債の金利である3.80％となった。ERPは5.67％となった。これはクラフト・ハインツの地域ごとに加重した収益を反映している。そして、クラフト・ハインツのベータは、同社の事業つまり食品加工業に目を向けることで推定した。その様子を**表3.6**に示している。

クラフト・ハインツが複数の事業を営んでいたとしたら、それら

の事業の価値を基準にウエートを算出し、各業界のベータの加重平均を推定していたことに注意してほしい。財務レバレッジは事業のリスクを増幅するので、このベータをクラフト・ハインツの債務で調整すると、クラフト・ハインツの株式のベータは0.92になる。

レバード・ベータ＝アンレバード・ベータ（1＋（1－税率）（負債÷時価総額））
＝0.69×（1＋（1－0.25）×（19759÷44756））
＝0.92

　以上の結果、自己資本のコストは9.00％になる。

自己資本のコスト＝リスクフリーレート＋ベータ×ERP
＝3.80％＋0.92×5.67％
＝9.02％

　株式投資家は残余キャッシュフローを手にするので、そのキャッシュフローのリスクを負う。一方で、企業に対する資金の貸し手が直面するリスクは約束された支払い、つまり、金利の支払いと元本の返済を受けられないことである。貸し手が企業に資金を貸すときにリスクフリーレートにデフォルトスプレッドを付加するのは、このデフォルトのリスクを補うためだ。つまり、デフォルトのリスクが大きいと思えば、それだけデフォルトスプレッドは広くなり、負債のコストは高くなる。このデフォルトスプレッドを推定するためには、格付けがなされているならば、S&Pやムーディーズなど定評ある格付け機関による債券格付けが利用できる。債券格付けが公

表されていないならば、金利費用に対する営業利益の比率を基準にその企業のシンセティック格付けを推定することができる。つまり、インタレスト・カバレッジ・レシオが高くなればなるほど、格付けは高くなり、低くなれば、格付けは低くなる。債券の格付けが分かれば、同じ格付けを持つ公開している債券に目を向けることでデフォルトスプレッドを推定できる。2023年7月、S&Pはクラフト・ハインツの格付けをBBBとしていた。当時、BBB格のデフォルトスプレッドは1.89％だった。これにリスクフリーレートの3.80％を足すと、負債の税引き前コストは5.69％になる。ちなみに、クラフト・ハインツの格付けがなされていなかったとしたら、同社のインタレスト・カバレッジ・レシオは次のように算出できる。

インタレスト・カバレッジ・レシオ＝営業利益÷金利費用
＝3634ドル÷921ドル
＝3.95

　このカバレッジレシオであれば、シンセティック格付けはA－になる。デフォルトスプレッドに転換すれば1.54％となり、2023年7月の負債の税引き前コストは5.34％になる。
　負債のコストを推定するために必要となる最後の入力値が金利である。金利費用には限界的に（最終的な利益に対して）節税効果があるので、この計算に関係する税率は課税標準の増分に適用される税率、つまり限界税率となる。アメリカでは、連邦の法人税率が21％で、これに州と地方の税率が加わるので、2023年の法人の限界税率は25％近くなった。リスクフリーレート（3.80％）、デフォルトスプレッド（1.89％）、25％の限界税率を組み合わせると、クラフト・

ハインツの負債の税引き後のコストは4.27％と推定される。

負債の税引き後コスト＝（リスクフリーレート＋デフォルトスプレッド）×（1－限界税率）
＝（3.80％＋1.89％）×（1－0.25）
＝4.27％

　負債と自己資本のコストを推定したら、簿価ではなく、市場価値を基準にそれぞれのウエートを推定する。上場公開企業であれば、株価に発行済み株式数を掛ければ自己資本の市場価値が得られる。ほとんどの企業が公開取引されていない社債を発行しているので、たいていの場合、負債の市場価値を推定するほうが難しい。そのため、実務家の多くは負債の簿価を用いている。ここでもクラフト・ハインツを例に用いると、自己資本の市場価値（447億5600万ドル）、負債の市場価値（194億7600万ドル）、前に推定した自己資本のコスト（9.00％）と負債の税引き後コスト（4.27％）から、同社の資本コストは7.56％になる。

資本コスト＝9.00％×（44.8÷（44.8＋19.5））＋4.27％×（19.5÷（44.8＋19.5））
＝7.565％

　企業の評価を行う場合、このウエートが変化するのか、変わらないのかを追加で判断する。変化すると仮定するならば、どのような割合になりそうか、いつ変化するかという2つの点を特定しなければならない。さらに、評価をしている企業の資本コストが市場のほ

かの企業と比べてどの程度なのかを把握しておくことも価値がある。クラフト・ハインツの場合、推定した資本コストはアメリカの企業の下位4分の1に入るが、同社はマクロ経済のリスクに対するイクスポージャーが比較的小さい事業を行っているので、これは理にかなっている。

成長率

　成長率を推定しようとしたときに、アナリストが過去を振り返り、直近の過去の収益や利益の成長率を将来の成長率の判断材料として用いるのは当然である。しかし、同じ企業の過去の成長率も、どのように計算するかによって変わってしまう。つまり、どれだけ過去にさかのぼるのか、どの利益指標（純利益か、EPS［1株当たり利益］か、営業利益か）を用いるのか、そしてどのように平均を算出（算術平均か幾何平均か）するのか。例えば、クラフト・ハインツでは、過去の成長率はかなり低い。直近の年が1.7％で、過去10年では用いる利益指標（純利益、EPS、営業利益）次第で、年1〜2％程度になる。さらに悪いことに、過去と将来の成長率の関係はかなり弱く、企業が大きくなるなかで成長率が大幅に低下したり、毎期大きく変動したりすることを研究結果が示している。

　代替案として、企業について自分よりも詳しい「専門家」（その企業を何年も追いかけている株式調査アナリストや同社の経営陣）を頼り、彼らが推定する成長率を用いることができる。そうすることのプラス面として、これらの予想をする者たちはほとんどの投資家よりも優れた情報を入手できるはずだ。マイナス面は経営陣も株式調査アナリストも将来を客観的に捉えられないことである。経営

表3.7 持続可能な成長率を推定する

利益の成長率		どれだけ再投資しているか		再投資はどれだけうまくいっているか
営業利益	=	再投資率	×	ROIC
純利益	=	内部留保率	×	ROE

陣は成長を生み出す自分たちの能力を過大評価する可能性が高く、アナリストには特有のバイアスがある。研究が示すところでは、アナリストや経営陣の将来の成長率の予想、特に長期的な予想は過去の成長率と同程度に欠陥があるようだ。

　過去の成長率やアナリストの予想がほとんど役に立たないとしたら、どのような解決策があるだろうか。結局のところ、企業が成長するためには、既存の投資成果を向上させる（効率化による成長）か、新たな投資（新たな投資による成長）を行わなければならない。企業の利益率が安定し、効率性の向上による成長がないという特殊なケースでは、企業が利益のうちどれだけを事業に再投資しているか、そしてその投資からどれだけのリターンを上げているかに目を向けるべきである。再投資やROI（投資利益率）は一般用語で、それらをどのように定義するかは純利益に着目しているのか、営業利益に着目しているのかによるだろう。純利益の場合、純利益のうち配当として払い出されない部分（内部留保率）を再投資とみなし、投資の質を測るためにROE（株主資本利益率）を用いる。営業利益の場合は、再投資率で再投資を測定し、ROC（資本利益率）を用いて投資の質を測る。**表3.7**で、営業利益や純利益の利益率が安定している企業の持続可能な成長率を推定する方法を示している。

利益率は安定するという前提が妥当なものとはならない企業が多い。そのような企業では、収益予想から始め、長期的な営業利益率の変化を推定し、その結果と再投資を結びつけなければならない。この関係を示す最もふさわしい比率が投下資本回転率である。これは投下資本１ドル当たり、どれだけの収益を生み出しているかを測る。

クラフト・ハインツの再投資率は過去３年間マイナスで、収益の成長率は芳しくなかったが、利益率は2020年の新型コロナの影響から回復している。企業に帰属するフリーキャッシュフローを推定するために、収益の成長率は引き続き低い（向こう５年間は２％、その後１％の安定成長まで低下する）が、営業利益率は改善（2022年の13.72％から2027年には15.00％）すると仮定する。再投資額を推定するために、クラフト・ハインツの資本回転率は食品加工業の世界的な平均である1.49％に収束すると仮定する。以上の結果算出された企業に帰属するフリーキャッシュフローを**表3.8**に示している。

税率は直近年度の水準（20.2％）から始まっており、時間の経過とともにアメリカの限界税率である25％に収束していることに注意してほしい。毎年の再投資額は翌年までの収益の増減額を資本回転率で割った値として算出している。つまり、１年目の再投資額を算出するために、１年目から２年目までの収益の増減額を取り上げている。

１年目の再投資額＝（２年目の収益－１年目の収益）÷資本回転率
＝（275.55億ドル－270.15億ドル）÷1.49
＝３億6200万ドル

表3.8 KHCの企業に帰属するフリーキャッシュフローの予測

	収益の成長率	収益	営業利益率	EBIT	税率	EBIT×(1-t)	再投資額
基準年		$26,485					
1	2.00%	$27,015	13.72%	$3,707	20.20%	$2,958	$362
2	2.00%	$27,555	14.23%	$3,922	20.20%	$3,130	$370
3	2.00%	$28,106	14.49%	$4,072	20.20%	$3,250	$377
4	2.00%	$28,668	14.74%	$4,227	20.20%	$3,373	$385
5	2.00%	$29,242	15.00%	$4,386	20.20%	$3,500	$393
6	1.80%	$29,768	15.00%	$4,474	21.16%	$3,527	$400
7	1.60%	$30,244	15.00%	$4,563	22.12%	$3,554	$408
8	1.40%	$30,668	15.00%	$4,655	23.08%	$3,580	$417
9	1.20%	$31,036	15.00%	$4,748	24.04%	$3,606	$425
10	1.00%	$31,346	15.00%	$4,843	25.00%	$3,632	$433
最終年	1.00%	$31,659	15.00%	$4,940	25.00%	$3,705	$741

　再投資と売上高のタイムラグが長い事業では、時期をズラし、例えば3年目と4年目の収益の差額に基づいて再投資額を算定することもできる。

ターミナルバリュー

　上場企業は、少なくとも理論上は永続する。キャッシュフローを永遠に推定することはできないので、一般的にはキャッシュフローの推定を将来のある時点までに留め、その時点での推定価値を反映したターミナルバリュー（TV）を算出することで、バリュエーションモデルに終止符を打つ。ターミナルバリューを推定する正当な

方法が2つある。1つは、最終年に資産が売却されると仮定して、企業の資産の清算価値を見積もる方法である。もう1つは、企業の営業活動は続くと仮定して、継続価値を推定する。

　最終年に事業は終了し、その時点で資産は清算されると仮定するならば、市場に基づいた数値（すぐに売却できる市場が存在する不動産などの資産）と推定値を組み合わせることで清算して得られる金額を推定できる。寿命に限りがあり、市場性のある資産を保有している企業については、これがターミナルバリューを推定する保守的な方法になる。

　企業は予想期間の末時点でも継続しているとするならば、キャッシュフローは未来永劫一定の割合で増大すると仮定することで継続価値を推定する。この永久成長モデルでは、シンプルな現在価値の方程式を用いてターミナルバリューを算出する。

n年のTV＝（n＋1年のキャッシュフロー）÷（割引率－永久成長率）

　キャッシュフローと成長率の定義は、配当を評価しているのか、株主に帰属するフリーキャッシュフローなのか、それとも企業に帰属するフリーキャッシュフローを評価しているのかと矛盾がないようにしなければならない。つまり、最初の2つでは自己資本のコストが割引率になるが、最後の1つは資本コストが割引率になる。ターミナルバリューの計算は小さな変化に敏感で、乱用が容易なので、推定するときには主に3つの制約を課すべきである。1つ目は、活動している経済の成長率よりも高い比率で永遠に成長できる企業など存在しない。実際に、安定成長率はバリュエーションに用いるリ

スクフリーレートを超えないとするのがシンプルな経験則である。リスクフリーレートは期待インフレ率と実際の金利から構成されているので、長期的には経済の名目成長率と等しくなる。2つ目は、企業は高成長期から安定成長期に移行するので、安定成長期にある企業の特徴を反映させる必要がある。原則として、そのような企業のリスク水準は市場（ベータ）や業界平均に収束し、負債比率は業界水準まで上昇する。3つ目は、安定成長企業は前提とした成長率を維持するために十分な再投資を行う。成長と再投資率と期待成長率の節で算出したリターンの関係から、この再投資率は次のように推定できる。

再投資率＝営業利益または純利益の期待成長率÷ROCまたはROE

　そのため、成長率を高めても、再投資率が上昇することでキャッシュフローが減少するので、ターミナルバリューに与える影響は部分的か、完全に相殺される。安定成長率が上昇するときに価値が増大するのか減少するのかは、ROIをどのように仮定するのかに完全に依存する。安定成長期のROCまたはROEが資本コスト（自己資本のコスト）よりも高い場合、安定成長率が上昇することで価値は増大する。この2つの差が超過リターンと呼ばれる。ROCが安定成長期の資本コストと等しいとしたら、安定成長率が上昇しても価値にはまったく影響がない。ターミナルバリューの計算で重要となる前提は、バリュエーションでどのような成長率を用いるかではなく、その成長率に付随する超過リターンはどれほどかだ。競争優位を永遠に維持できる企業など存在しないので、安定成長期の超過リターンはゼロとするのが唯一持続可能な前提だと考えるアナリスト

もいる。だが、実際には、強力かつ持続可能な競争優位を持つ企業は、控えめな水準とは言え、かなり長期にわたり超過リターンを維持できる。

　クラフト・ハインツを例とするにあたり、同社は５年後に安定成長期に入り、年１％で永久に成長すると仮定した（同社の製品と消費者は年をとると予想しているので、リスクフリーレートを大幅に下回っている）。10年目以降、成長率は低下するので、資本コストを少し調整し、7.56％から7.50％とした。クラフト・ハインツはすでに成熟した企業なので、ここでの調整は微々たるものだが、より成長率の高い企業では調整額もはるかに大きくなる。安定成長期の再投資率は、クラフト・ハインツには永続的なブランド力と価格決定力があるので、7.50％という資本コストを上回る10％のROCを上げられるという前提を反映して変化させている。

安定成長期の再投資率＝１％÷10％＝10％

　以上の結果、10年目末時点のターミナルバリューは493億1600万ドルになる。

（６年目の税引き後営業利益）×（１－再投資率）÷（資本コスト－期待成長率）
＝（3526×（1.01）×（１－0.10））÷（0.075－0.01）
＝493億1600万ドル

　このターミナルバリューと**表3.8**のキャッシュフローを資本コストで割り引くと、445億3800万ドルという営業資産の価値が得られる。

表3.9　KHCの営業資産の価値

年	FCFF	TV	資本コスト	割引計算	割引係数	PV
1	$2,595		7.56%	$1/1.0756$	0.9297	$2,413
2	$2,760		7.56%	$1/1.0756^2$	0.8643	$2,385
3	$2,872		7.56%	$1/1.0756^3$	0.8035	$2,308
4	$2,988		7.56%	$1/1.0756^4$	0.7470	$2,232
5	$3,108		7.56%	$1/1.0756^5$	0.6945	$2,186
6	$3,127		7.55%	$1/(1.0756^5 \times 1.0755)$	0.6457	$1,067
7	$3,146		7.54%	$1/(1.0756^5 \times 1.0755 \times 1.0754)$	0.6005	$1,951
8	$3,164		7.53%	$1/(1.0756^5 \times 1.0755 \times 1.0754 \times 1.0753)$	0.5584	$1,838
9	$3,182		7.51%	$1/(1.0756^5 \times 1.0755 \times 1.0754 \times 1.0753 \times 1.0751)$	0.5194	$1,729
10	$3,199	$49,316	7.50%	$1/(1.0756^5 \times 1.0755 \times 1.0754 \times 1.0753 \times 1.0751 \times 1.075)$	0.4832	$25,530
営業資産の価値						$44,538

　資本コストは6年目以降変化するので、現在価値を算出するときにはその影響を考慮すべきである。**表3.9**に現在価値の計算をまとめている。

　今回のケースでは、それぞれの年の資本コストで割り引くのではなく、資本コストの累積を算出してもその影響は些細なのだが、時間の経過とともに資本コストが大きく変動する企業ではその影響が大きくなる。

さあ、仕事を片づけよう

　キャッシュフローをリスク調整後の金利で割ることで価値の推定値が得られる。では、1株当たりの価値はどのように算出するのだろうか。配当や1株当たりの株主に帰属するフリーキャッシュフローを自己資本のコストで割れば、1株当たりの価値が得られる。企業に帰属するフリーキャッシュフローを割り引くとしたら、1株当たりの価値を得るには次の4つの調整をする。

1. **企業の現金残高を足す**　企業に帰属するフリーキャッシュフローは営業利益に基づいているので、現金が生み出すインカムを考慮していない、もしくはそれを価値に取り込んでいない。
2. **持ち合い株について調整する**　保有している他社の少数持ち分の価値を足す。これら保有株がもたらすインカムはキャッシュフローには含めていないからである。ほかの企業の大多数の株式を保有しているならば、連結会計を行い、子会社の営業利益の100％を自社のものとして計上しなければならないので、少数株主持ち分が発生する。これは子会社のうち自社に帰属しない部分を示す会計上の推定値である。この少数株主持ち分の市場価値の推定値を連結した企業価値から引かなければならない。
3. **負債ならびにその他潜在的な債務を引く**　自己資本の価値は債務を引いたものなので、すべての有利子負債や長短期の借入金を引くべきだ。年金や保険の積み立て不足や、巨額な債務を生みかねない係争中の案件などがあるならば、その価値を見積もり、引かなければならない。
4. **株式報酬の残余分を処理する**　株式に基づく報酬に付随する費

用はその他の営業費用と同じように取り扱い、営業利益から引くべきである。株式報酬がオプションの形式を取っている場合、アナリストは近道（株式数を調整して希薄化に対応する）をしてそれらオプションを処理することが多い。オプションの価格付けモデルを用いてオプションの価値を評価し、自己資本の価値からオプションの価値を引くのが正しい方法である。
5. **株式数**　1株当たりの価値を算出するには、経営陣の報酬の一部として発行された制限株を含め、今日時点の実際の株式数で割るべきである。この数値を将来予想される株式発行に合わせて調整すべきではない。それはすでに本源的価値に織り込まれているからだ。つまり、そのような株式発行を生じさせるマイナスのキャッシュフローは今日推定した企業の価値を低減させている。

クラフト・ハインツについては、営業資産の価値に現金残高を足し、負債残高と発行済みの経営陣のストックオプションの価値の推定値を引くと、同社の自己資本の価値は254億4500万ドルになる。

クラフト・ハインツの自己資本の価値＝営業資産の価値＋現金－債務－経営陣のストックオプション
＝445.38億ドル＋10.40億ドル－200.70億ドル－0.63億ドル
＝254.45億ドル

これをその時点の発行済み株式数である12億3500万株で割ると、1株当たりの価値は20.60ドルになる。

1株当たり価値＝254.45億ドル÷12.35億株＝1株当たり20.60ドル

これらのモデルから何が分かるのか

　キャッシュフローやリスクの推定値から引き出した本源的価値が市場価格と大きく異なっていたらどうなるだろうか。これには3つの説明が可能である。1つ目は、企業の将来の成長の可能性やリスクについて、誤った仮定や非現実的な仮定をしている。これに関連する2つ目の説明は、市場全体のリスクプレミアムの評価が間違っている。3つ目は、市場価格が間違っていて、自分の価値評価が正しい。最後のシナリオであっても、自らのバリュエーションでお金が稼げる保証はない。そうなるためには、市場が自らの誤りを正さなければならず、それが近い将来には起こらないかもしれない。実際に、割安だと思った株式を買うことはできるが、時間の経過とともにさらに割安になることもある。これこそが、時間軸を長くとることが本源的価値のモデルを用いる前提条件になる理由である。市場が自らの誤りを正すまでの時間を長くとれば（例えば3～5年）、翌四半期か、向こう6カ月でそれが起こると期待する場合よりも勝率は良くなるだろう。

　われわれが算出したクラフト・ハインツの2023年7月の20.60ドルという1株当たりの本源的価値は当時の36ドルという株価を大きく下回った。株価は過大評価されているように思えるが、その判断はわれわれが同社の成長率を低く予想したことが関係している。若い消費者がケチャップやリキッドチーズの味を再発見することで同社は高い成長性を取り戻し、価値が増大するとも考えられる。実際に、**表3.10**の収益の成長率と営業利益率の前提を変えることで、

第1部　全力で進め——バリュエーションの基礎

表3.10　KHCの収益成長、利益率、1株当たりの価値

		目標営業利益率（5年目）				
		12%	14%	16%	18%	20%
収益の成長率（1～5年目）	0%	$12.15	$16.06	$19.96	$23.87	$27.77
	2%	$13.97	$18.39	$22.82	$27.24	$31.66
	4%	$15.95	$20.96	$25.96	$30.97	$35.97
	6%	$18.12	$23.78	$29.43	$35.09	$40.74
	8%	$20.51	$26.88	$33.26	$39.64	$46.01
	10%	$23.11	$30.30	$37.48	$44.66	$51.84

クラフト・ハインツが現在の市場価格を正当化するために何をなすべきかが感じ取れる。

　表のアミの部分は価値が36ドルという市場価格を上回っていることを示している。お分かりのとおり、そのためにはクラフト・ハインツの収益の成長率と営業利益率が、われわれが行ったバリュエーションで前提とした数値よりもはるかに高くなる必要がある。

要は本源的価値である

　企業の本源的価値はそのファンダメンタルズを反映する。キャッシュフロー、成長率、リスクの推定値のすべてがその価値に織り込まれている。そして、優れた経営陣や技術や歴史あるブランド名など高い価値につながることが多い、その他の定性的な要素のすべても織り込んでいるはずである。正しく算出した本源的価値に飾り付けは不要なのである。

68

第4章
すべて相対的である——相対価値の決定
It's All Relative! -- Determining Relative Value

　PER（株価収益率）で見て、シスコ（CSCO）が17倍、アップル（AAPL）が21倍、マイクロソフト（MSFT）が11倍で売買されていたら、どの銘柄が一番良い取引になるだろうか。シスコはアップルより割安だろうか。マイクロソフトはアップルやシスコに比べると掘り出し物なのだろうか。それともこれらは似たような企業だろうか。相対バリュエーションとは、掘り出し物を見つけるために、市場がさまざまな企業にどのように価格付けしているかを比較することに尽きる。

　相対バリュエーションでは、類似の資産が市場でどのように価格付けされているかに基づいて資産に価格を付ける。住宅購入を希望する者は、近隣の似たような住宅の価格と比較し、住宅にいくら支払うかを決める。同様に、2013年のツイッター（現在のX）のIPO（新規株式公開）に投資しようとしていた投資家たちは、その他のソーシャルメディア企業の市場価格を見て、同社の価値を推定できた。相対バリュエーションには以下の欠かすことのできないステップが3つある。

1．市場で価格が付けられている比較可能な資産を見つける。
2．市場価格と共通の変数との比率を求め、資産間の比較ができるよう標準化した価格を算出する。
3．標準化した価値を比較するときには資産の違いについて調整する。最新の装備がある新しい住宅には、同じ大きさでもリノベーションが必要となる古い住宅よりも高い価格が付くはずである。そして、より成長率の高い企業は、同じセクターの成長率の低い企業よりも高い株価が付くはずである。

　価格付けは本源的価値を算出する場合よりも少ない情報で、はるかに素早く行われ、そのときどきの市場のムードを反映する傾向が強い。投資銀行業務やポートフォリオ管理でバリュエーションとして通用していることのほとんどが実際には価格付けであることも驚くに値しない。

標準化した価値とマルチプル

　まったく似ても似つかない資産を比べるのは難題になる。同じ場所にある異なる規模の2つの建物の価格を比べる場合、1平方フィート当たりの価格を算出して規模の違いを調整しなければ、小さい建物のほうが安く思える。上場株を比較する場合、株価は、企業の自己資本の価値と発行済み株式数の関数になる。市場の「類似」企業の価格付けを比較するために、企業の市場価値は、その企業の利益や会計上の簿価や収益、そしてその企業やセクター特有の指標（顧客数、加入者数、販売単価の数など）と比べることで標準化できる。市場価値を推定する場合、以下の3つの選択肢がある。

1. **自己資本の市場価値**　株価や時価総額
2. **企業の市場価値**　負債と自己資本の市場価値の合計
3. **営業資産の市場価値やエンタープライズバリュー**　負債と自己資本の市場価値の合計から現金の価値を差し引いたもの

　利益や簿価を測定する場合、投資家の観点から測ることも、負債と自己資本（企業）の観点から測ることもできる。つまり、EPS（1株当たり利益）や純利益は株主に帰属する利益を、そして営業利益は企業に帰属する利益を測定する。貸借対照表上（BS）の株主資本は自己資本の簿価である。つまり、負債も含めた企業全体の簿価である。この簿価から現金を差し引いた値が投下資本の簿価になる。いくつか例を挙げよう。自己資本の市場価値を純利益で割ることでPERを推定できる（株式投資家が利益1ドル当たりにいくら支払っているかを測る）。また、エンタープライズバリューをEBITDA（利払い税引き前減価償却償却前利益）で割ることで、営業活動によるキャッシュフローと比較した営業資産の市場価値がおおよそつかめる。だが、標準化を行う主たる理由は変わらない。われわれはこれらの数値を企業間で比較したいのだ。

　そのような比較を行おうとすると、さらに2つの難題に直面する。1つ目は、何をもって類似の企業とするかである。最もシンプルな方法は、「同じ」業界の企業や「同じ」事業を行っている企業に焦点を当てる。より複雑な方法は、同様の規模や成長率やリスクで企業をスクリーニングすることである。2つ目の難題は、価格付けをしようとしている企業が類似企業と比較して割安なのか、割高なのかを説明するために、成長率やリスクやキャッシュフローなどこれら類似企業に根強く残る違いを調整するときに直面する。価格付け

第1部 全力で進め——バリュエーションの基礎

図4.1 価格付けのプロセス

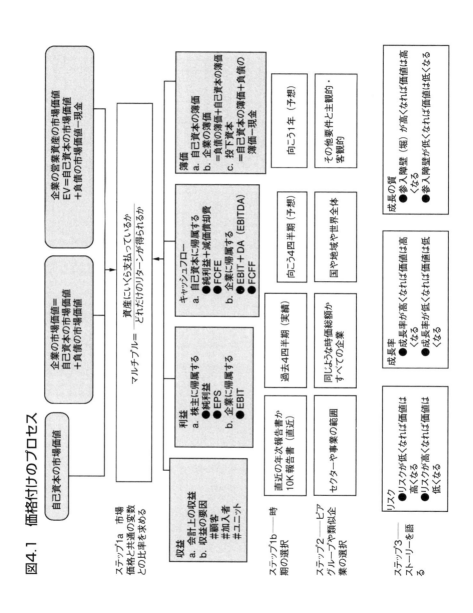

のプロセスを図4.1にまとめた。

マルチプルを用いるための４つの鍵

マルチプルは使いやすいが、誤用もしやすい。マルチプルを適切に利用し、他者による誤用を見抜くための基本的なステップが４つある。まずは矛盾なく定義する。次に、それらの分布上の特徴と、その値を決める変数に目を向ける。最後に、それらを用いて企業間の比較を行う。

定義のテスト

最もシンプルなマルチプルでさえ、アナリストによって定義も計算方法も異なる。ある企業のPERは直近の会計年度の利益（直近のPER）、過去４四半期の利益（実績PER）、向こう４四半期の利益（予想PER）を用いて算出できるが、結果として得られる推定値もまったく異なったものになる。また、希薄化後の利益を用いるか基本的な利益を用いるかによっても変わる。マルチプルについて最初に行うべきテストは、分子と分母を矛盾なく定義しているかを吟味することだ。分子が自己資本の価値であれば、分母も自己資本の価値であるべきである。例を挙げると、PERは分子が１株当たりの価格（自己資本の価値）で、分母がEPS（これも自己資本の価値）なので、定義に矛盾はない。EV/EBITDA倍率も、分子と分母はともに営業資産の評価なので矛盾はない。つまり、エンタープライズバリュー（EV）はある企業の営業資産の市場価値を測るものであり、EBITDAはその営業資産が生み出したキャッシュフロ

ーである。対照的に、PSR（株価売上倍率）や株価EBITDA倍率は、自己資本の市場価値を営業指標で割っているので、定義が一貫していない。このような指標を用いると、多額の負債を抱えた企業が割安に見えてしまう。

　企業間の比較を行うためには、対象とするすべての企業を通じてマルチプルは一律に定義しなければならない。そのため、1つの企業に実績PERを用いるならば、すべての企業についても実績PERを用いなければならない。そして、実績EPSもサンプルとしたすべての企業で同じ方法で算出しなければならない。利益指標でも簿価の指標でも、会計基準が異なれば、類似企業でも利益や簿価の数値がまったく異なるものとなりかねない。それぞれの企業が準拠している会計基準が同じであっても、会計方法の選択に裁量が認められているために企業間で違いが生まれる可能性がある。

意味内容のテスト

　マルチプルを用いて企業を評価する場合、概してわれわれはそのマルチプルで何をもって価値が高い・低いとするかが分かっていない。この点を把握するために、まずは要約統計から始めよう。つまり、マルチプルの平均と標準偏差である。**表4.1**には広範に用いられている4つのマルチプルの2023年1月の数値をまとめている。

　アメリカ株のマルチプルの平均値が高いように思えるならば、それはマルチプルのいずれも最小の値はゼロであり、最大値は巨大なものともなるからである。そして、**図4.2**に示した2023年1月のアメリカ企業のPERの分布を見れば分かるように、これらマルチプルの分布は正の値に偏っている。

表4.1 マルチプルの要約統計——2023年1月のアメリカ株

	現在のPER	PBR	EV/EBITDA倍率	EV/売上高倍率
平均	109.25	12.40	323.31	89.04
標準誤差	34.10	2.18	82.27	18.91
中央値	13.92	1.59	13.30	2.70
歪度	37.69	26.22	34.25	31.13
最大値	86,400.00	5423.08	200,504.27	57,792.67

　この分布から学ぶべきは、平均を比較基準に用いるのはどのようなマルチプルであっても危険だということだ。中央値に目を向けるほうがはるかに合理的である。2023年1月のPERの中央値は13.92倍ほどで、**表4.1**に掲載されたPERの平均値である109.25倍をはるかに下回る。これはあらゆるマルチプルに当てはまる。2023年1月に利益の18倍で取引されている銘柄は、平均を下回っているが割安ではない。外れ値が数値を歪めないようにするため、マルチプルの平均値を算出して発表しているデータ提供会社は平均値を算出するときに外れ値を除外するか、マルチプルが一定の値以下になるように制限を設けている。その結果、2つの企業が発表する平均値は、外れ値の処理の仕方が異なるので、ほぼ同じになることはない。

　すべてのマルチプルについて、マルチプルを算出できない企業がある。PERについて考えてみよう。EPSがマイナスの場合、その企業のPERは意味をなさず、通常は発表されない。ある企業群の平均PERに目を向ける場合、利益がマイナスの企業はPERが算出できないのでサンプルから除外される。サンプルが大きければ、こ

第1部　全力で進め──バリュエーションの基礎

図4.2　PERの分布──2023年1月のアメリカ株
現在のPER、実績PER、予想PER（2023年1月のアメリカ株）

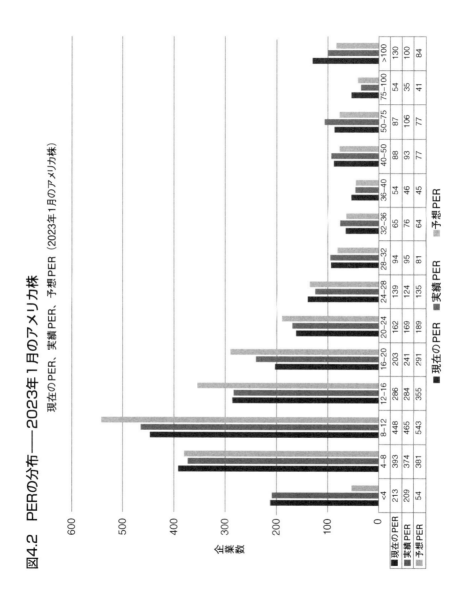

表4.2　PERの時系列データ（2004〜2023年）

年	PER中央値	算出できた企業の割合	年	PER中央値	算出できた企業の割合
2004	20.76	58.0%	2014	20.88	43.15%
2005	23.21	56.0%	2015	16.77	41.88%
2006	22.40	57.0%	2016	18.53	44.71%
2007	21.21	58.0%	2017	21.57	41.96%
2008	18.16	56.0%	2018	23.13	40.78%
2009	9.80	54.0%	2019	18.61	41.13%
2010	14.92	49.0%	2020	18.49	41.63%
2011	15.18	51.5%	2021	18.15	36.77%
2012	15.94	58.7%	2022	13.09	35.86%
2013	16.38	42.4%	2023	13.92	43.25%

れが問題とはならない。サンプルから除外された企業は損を出している企業で、そのグループの平均PERは赤字の企業が除外されており、情報にバイアスがかかる。一般的に、分析対象となる企業数が大幅に減少した場合は疑ってかかるべきである。

　最後に、市場全体でも、個別セクターでも、マルチプルは時間の経過とともに変化する。長期的にマルチプルがどのくらい変化するか、**表4.2**に2004〜2023年のアメリカ株のPERの中央値を掲載した。

　PERが15倍の銘柄は2008年なら割安だっただろうが、2009年では割高である。**表4.2**には、PERが算出できた企業がサンプル全体に占める割合を記している。いずれの年も、サンプルにあるすべての企業のうち半分ほどは利益がマイナスなので除外している。PERの中央値は2008年の安値から上昇しているが、PERが算出できた企業の割合は過去10年で減少している。

　なぜマルチプルは時間の経過とともに変化するのだろうか。変化

の一部はファンダメンタルズに起因する。金利や経済成長は時間の経過とともに変化するので、株価もそれを反映して変化する。例えば、金利の低下は2008年以降の時期を通じたPERの上昇に重要な役割を果たした。だが、リスクに対する市場の認識の変化に起因することもある。景気後退期に起こりがちで、投資家がリスク回避的になれば、株式のマルチプルも低下する。

　実際の観点からすると、どのような影響があるだろうか。まず、異時点間のマルチプルの比較には危険が多い。例えば、今日のPERを過去のPERと比較して、市場が割安・割高だとするのは一般的だが、これは金利が過去の水準よりも高い場合や低い場合には誤った判断につながる。最終的に、絶対値で見ると変わらないPERが何をもって低い・高いとするのかについての経験則は、PERの分布が時間の経過とともに変化すれば、崩壊してしまう。

分析のテスト

　相対バリュエーションでは、割引キャッシュフローによるバリュエーションと同じくらい多くの仮定を行う。相対バリュエーションでの仮定は暗黙のうちに行われ、割引キャッシュフローによるバリュエーションでは明示的に仮定をすることに違いがある。第3章で、企業の価値は3つの変数によって決まると述べた。つまり、キャッシュフローを生み出す能力、それらキャッシュフローの期待成長率、それらキャッシュフローに付随する不確実性である。利益に関するものだろうが、収益や簿価に関するものだろうが、すべてのマルチプルは同じく3つの変数で決まる。つまり、①リスク、②成長率、③キャッシュフローを生み出す潜在的な力――である。直感的には、

「成長率が高く、リスクが低く、キャッシュフローを生み出す力が大きい企業」は、「成長率が低く、リスクが高く、キャッシュフローを生み出す力が小さい企業」よりも高いマルチプルで取引されている。自己資本や企業の価値のマルチプルを具体的に見ていくためには、自己資本や企業の価値に関するシンプルな割引キャッシュフローモデルに立ち返り、それを用いてマルチプルを引き出すことができる。

　成長率が一定の配当割引モデルが株式に関する最もシンプルな割引キャッシュフローモデルとなり、株式の価値は次のように算出される。

株式の価値＝翌年の予想配当÷（自己資本のコスト－期待成長率）

　この方程式の両辺を純利益で割ると、成長率が一定の企業のPERを示す割引キャッシュフローの方程式が得られる

株式の価値÷純利益＝PER＝配当性向÷（自己資本のコスト－期待成長率）

　配当性向は配当を純利益で割ったものである。
　PERの主たる決定因は、EPSの期待成長率、自己資本のコスト、配当性向になる。その他の条件を同じとすれば、成長率が高く、リスクが低く、配当性向の高い企業は、そのような特徴を有しない企業よりも利益のマルチプルが高くなる。方程式の両辺を自己資本の簿価で割ると、成長率が一定の企業のPBR（株価純資産倍率）が得られる。

株式の価値÷自己資本の簿価＝PBR＝（ROE×配当性向）÷（自己資本のコスト－期待成長率）

　ROE（自己資本利益率）は、「純利益÷自己資本の簿価」だが、これはPERを決める3つの要因（成長率、自己資本のコスト、配当性向）のほかにPBRに影響を及ぼす唯一の変数である。これらすべての計算は成長率が一定の配当割引モデルを基礎としている。成長の可能性が高い企業に目を向ける場合や、ほかの株式バリュエーションモデルを用いても結論は変わらない。
　同様の分析を通じて企業の価値のマルチプルを算出することもできる。成長率が一定の企業の価値は次のように記すことができる。

EV＝（翌年の期待FCFF）÷（資本コスト－期待成長率）

　企業に帰属するフリーキャッシュフロー（FCFF）は税引き後営業利益から正味資本支出と必要になる運転資本を引いたものなので、次のように書きかえることができる。

EV＝（EBIT×（1－税率）×（1－再投資率））÷（資本コスト－期待成長率）

　この方程式の両辺を売上高で割り、税引き後の営業利益率を、税引き後営業利益を売上高で割ったものと定義すると、次のようになる

EV÷売上高＝（税引き後営業利益率×（1－再投資率））÷（資

表4.3 マルチプルを決めるファンダメンタルズ

マルチプル	決定因となるファンダメンタル
PER	期待成長率（↑）、配当性向（↑）、リスク（↓）
PBR	期待成長率（↑）、配当性向（↑）、リスク（↓）、ROE（↑）
PSR	期待成長率（↑）、配当性向（↑）、リスク（↓）、純利益率（↑）
EV/FCFF倍率	資本コスト（↓）、成長率（↑）
EV/EBITDA倍率	期待成長率（↑）、再投資率（↓）、リスク（↓）、ROC（↑）、税率（↓）
EV/投下資本倍率	期待成長率（↑）、再投資率（↓）、リスク（↓）、ROC（↑）
EV売上高倍率	期待成長率（↑）、再投資率（↓）、リスク（↓）、営業利益率（↑）

本コスト－期待成長率）

　表4.3にマルチプルと、それぞれのマルチプルを決める主たる変数をまとめている。各変数の隣のカッコ内には関係性を示す記号を記載した。つまり、その他の条件を一定とすれば、↑はこの変数が上昇すればマルチプルが上昇することを意味し、↓はこの変数が上昇するとマルチプルは低下することを意味する。

　個々のマルチプルは数多くの変数によって決まるが、マルチプルを説明することについて最も重要になる変数は1つだけである（マルチプルによって同じではない）。この変数はコンパニオン変数と呼ばれ、割安な銘柄を探す鍵になる。表4.4に6つのマルチプルのコンパニオン変数と不整合の具体例を示した。

表4.4　バリュエーションのミスマッチ

マルチプル	コンパニオン変数	割安企業を示すミスマッチ
PER	期待成長率	EPSの期待成長率は高いがPERは低い
PBR	ROE	ROEは高いがPBRは低い
PSR	純利益率	純利益率は高いがPSRは低い
EV/EBITDA倍率	再投資率	再投資の必要性は低いがEV/EBITDA倍率が低い
EV/投下資本倍率	ROC	ROCは高いがEV/投下資本倍率は低い
EV/売上高倍率	税引き後営業利益率	税引き後営業利益率は高いがEV/売上高倍率は低い

適用性のテスト

　マルチプルはある企業やその株式の価値を算出するために類似企業と併せて用いられる傾向にある。類似企業とは、評価している企業とキャッシュフローや成長可能性やリスクが似ている企業のことである。この定義には、評価対象の企業が属する業界やセクターに関連する要素はどこにも見当たらない。そのため、キャッシュフローや成長率やリスクの点で同じならば、電気通信企業をソフトウェア企業と比較することもできる。だが、ほとんどのケースでアナリストは、企業が属する業界のほかの企業を類似企業と定義する。説明のために実例を挙げよう。2009年に、トドハンター・インターナショナルとハンセン・ナチュラルという2つの飲料メーカーを評価しようとしていたならば、価格付け（PER）やファンダメンタルズ

（成長率やリスク）について競合他社と比較しただろう。

　そうすることが可能なくらい多くの企業が業界内に存在していたならば、ほかの要件を用いてさらに絞り込むことができる。例えば、規模が似た企業だけを検討するかもしれない。類似企業のリストをどれほど注意深く作ろうとも、最終的にたどり着く企業には自分たちが評価している企業との違いがある。そのような違いについて調整する方法が3つあり、飲料産業を用いてそれぞれを説明したい。

　最初に、アナリストは分析対象とした企業の市場でのマルチプルと算出した業界平均を比較する。大きな差異があれば、アナリストは企業固有の特徴（成長率やリスクやキャッシュフロー）がその差異を説明できるかどうか、主観的な判断を下す。例えば、**表4.5**を見ると、トドハンターのPERは8.94倍で、競合他社よりもかなり低く、期待成長率もかなり低い。ハンセン・ナチュラルのPERも9.70倍で割安に思えるが、同社の株式はボラティリティがかなり高い。ファンダメンタルズ（成長率が低い、リスクが高い）でPERの差を説明できないとアナリストが判断したら、その企業は割安だとみなされる。この方法論の弱点はアナリストが主観的な判断に頼ることでなく、往々にしてその判断は推測にすぎないことにある。

　2つ目の方法は、マルチプルを決める最も重要な変数、つまりコンパニオン変数を考慮してマルチプルを修正する。実例を挙げると、成長率がまったく異なる企業間のPERを比較するアナリストは、PERをEPSの期待成長率で割り、成長率で調整したPERであるPEGレシオを出そうとする。**表4.5**に立ち返り、トドハンターとハンセンに目を向け、競合他社と比べると次のようになる。

トドハンターのPEGレシオ＝トドハンターのPER÷成長率

表4.5　2009年3月のアメリカの飲料メーカー

企業名	実績PER	EPSの期待成長率	株価の標準偏差
アンドレス・ワインズA株	8.96	3.50%	24.70%
アンハイザー・ブッシュ	24.31	11.00%	22.92%
ボストン・ビアA株	10.59	17.13%	39.58%
ブラウン・フォーマンB株	10.07	11.50%	29.43%
シャローン・ワイン・グループ	21.76	14.00%	24.08%
コカ・コーラ	44.33	19.00%	35.51%
コカ・コーラ・ボトリング	29.18	9.50%	20.58%
コカ・コーラ・エンタープライゼズ	37.14	27.00%	51.34%
クアーズ（アドルフ）B株	23.02	10.00%	29.52%
コービー・ディスティラリーズ	16.24	7.50%	23.66%
ハンセン・ナチュラル・コーポレーション	9.70	17.00%	62.45%
モルソンA株	43.65	15.50%	21.88%
モンダビ（ロバート）A株	16.47	14.00%	45.84%
ペプシコ	33.00	10.50%	31.35%
トドハンター・インターナショナル	8.94	3.00%	25.74%
ホイットマン・コーポレーション	25.19	11.50%	44.26%
平均	22.66	12.60%	33.30%
中央値	22.39	11.50%	29.48%

$= 8.94 \div 3.00$

$= 2.98$

ハンセンのPEGレシオ＝ハンセンのPER ÷ 成長率

$= 9.70 \div 17$

$= 0.57$

飲料産業のPEGレシオ＝平均PER÷セクターの平均成長率
＝22.66÷12.60
＝1.80

　PEGレシオに基づくと、ハンセンはセクター全体に比べてやはり割安に思えるが、トドハンターのPEGレシオは2.98になり、今度は割高に思える。このような修正したマルチプルを用いるときには暗黙のうちに２つの仮定をしている。１つ目は、これらすべての企業のリスクは等しいとすることで、これは競合他社よりもリスクが高そうなハンセンでは問題になる。もう１つは、成長率とPERが比例して動くとしている。例えば、成長率が２倍になると、PERも２倍になる。この前提が当てはまらず、PERが成長率と比例して増えないと、PEGレシオを基準とした場合、成長率の高い企業が割安に見える。

　企業間の比較を行うときに調整すべき変数が２つ以上ある場合、有効な統計的手法がある。例えば、重回帰分析では、従属変数に影響を及ぼす独立変数（成長率やリスクなど）を用いることで、従属変数（PERやEV/EBITDA倍率など）を説明しようとする。回帰分析が主観的な方法論よりも優位な点が２つある。１つは、回帰分析の結果、マルチプルと用いた変数の関係がどのくらい強いかが分かる。第２に、差異について調整できるのが１つの変数に限られる、マルチプルを修正する方法論とは異なり、回帰分析は２つ以上の変数にも拡張でき、それら変数の交互作用にも拡張できる。この手法を**表4.5**の飲料メーカーのデータに当てはめ、PERを期待成長率とリスク（株価の標準偏差）で回帰すると、次のようになった。

PER＝20.80－63.87×標準偏差＋183.23×期待成長率
　　　（3.27）　　　　　（2.83）　　　　　（3.93）
R^2＝51％

　Rの2乗は、飲料メーカーのPERの差異の51％は、成長率とリスクの差異で説明できることを意味する。係数の下のカッコ内に示したT値は、標準偏差と期待成長率は、2009年の飲料セクターのPERの差異を説明するうえで統計的に有意であることを示している。最後に、リストにある企業のPERを予想するために回帰分析を用いることもできる。つまり、次に示すように、期待成長率とリスクに基づくことでトドハンターとハンセンの予想PERが得られる。

トドハンターのPER＝20.80－63.87×（0.2574）＋183.23×（0.03）
＝9.86

ハンセンのPER＝20.80－63.87×（0.6245）＋183.23×（0.17）
＝12.06

　これらはリスクと成長率で調整した予想で、どちらの企業も当初の比較が示していたよりは小幅とはいえ、割安のように思える。

資産に基づいたバリュエーションと価格付け

　バリュエーションの代替的な方法として価格付けの変型版を提案する者もいるが、われわれはそれが適当だとは思わない。それは企業が保有する資産を評価し、その後、その価値を累計して全体のバ

リュエーションを算定する。そのため、不動産を5件保有している企業では、それぞれの物件を評価し、それらを足せば企業の評価が得られる。上場企業では、貸借対照表上の個々の資産を評価し、その価値を足す形を取ったり、企業を地域や事業で分解し、パーツごとに評価する形を取ったりする。

これが異なるバリュエーション手法だとは考えない理由は、貸借対照表上の資産や企業の一部門の価値としたものは、その資産や事業部門の本源的バリュエーションによるものか、たいていの場合そうなのだが、類似の資産や事業に他者がどれだけ支払うかに目を向けたその資産や部門の価格付けによるものに違いないからである。資産や事業部門の本源的価値を推定するためには、その資産や事業部門のキャッシュフローや成長率やリスクを推定できるだけの情報が必要になるだろう。

本源的価値か相対価値（価格付け）か

2つのバリュエーション方法——本源的バリュエーションと相対バリュエーション——が生み出す価値の推定値は、概して同じ時点の同じ企業でも異なったものになる。ある方法論では株式は割安という結果となったが、別の方法論では割高だと結論されることもある。例えば、2000年初頭、割引キャッシュフローモデルでアマゾンを評価すると、大幅に過大評価されていることが示されたが、同じ時点でほかのインターネット企業と比較すると正反対の結論となった。さらに、相対バリュエーションでも、どのマルチプルを基準とするか、相対バリュエーションの比較対象をどの企業とするかによって価値の推定値は異なるものになる。

割引キャッシュフローモデルによるバリュエーションと相対バリュエーションの違いは、市場の効率性や非効率性についての考え方が異なることによる。割引キャッシュフローモデルのバリュエーションでは、市場は誤りを犯し、やがてその誤りを修正するが、そのような誤りはセクター全体や市場全体で発生することが多いと仮定している。相対バリュエーションでは、市場は個別銘柄については誤りを犯すが、平均すると正確だと仮定している。言い換えれば、新しいソフトウェア企業をほかの小規模なソフトウェア企業と比較して評価する場合、市場は平均すると、それら企業に正しい価格を付けているが、個々の企業の価格付けでは間違いを犯すと前提しているわけだ。そのため、ある銘柄は割引キャッシュフローモデルに基づけば割高だが、相対バリュエーションの比較対象としたすべての企業に市場が過大な価格を付けていたら、相対バリュエーションでは割安になるかもしれない。セクター全体や市場全体が過小評価されていれば、反対のことが起こる。

　本源的バリュエーションと価格付けのどちらが資産の数値を求めるのに優れた方法論かという質問は的外れである。どちらの方法論を用いるかは自らの投資哲学によって決まるからだ。キャッシュフローを生み出すあらゆる資産に本源的価値があり、市場の価格は遅かれ早かれ、その本源的価値に収束すると考えているならば、あなたは投資家であり、本源的価値を推定してみるべきである。一方、本源的価値は幻想にすぎず、市場がそれに併せて調整する保証などないと考えているならば、あなたはトレーダーであり、資産の評価ではなく価格付けに焦点を当てる。市場には投資家もトレーダーも必要である。前者は情報を求め、市場の誤りを探し出し、後者は流動性を提供する。

アインシュタインは正しかった

　相対バリュエーションや価格付けでは、類似の資産にどのような価格が付いているかに目を向けることで、資産の価値を推定する。マルチプルの魅力はその簡潔さにある。それらを賢く利用する鍵は、比較可能な企業を見つけだし、成長率やリスクやキャッシュフローに関する企業間の差異を調整することにある。相対性についてアインシュタインは正しかった。だが、彼でさえ、今日の株式市場に相対バリュエーションを適用するのは難渋するだろう。

第5章
ストーリーと数字——ストーリー、価値、価格
Stories and Numbers Narrative, Value, and Price

　第3章と第4章を読んだあとでは、バリュエーションも価格付けも数字だけに左右されると結論したかもしれない。だが、それは間違いである。本章では、企業のバリュエーションや価格付けの数字の背景にはストーリーがあること、そして企業を評価する鍵は事業に関するもっともらしいストーリーを構築し、それらストーリーとバリュエーションで用いる数字とを関係づけられるようにすることにあることを論じていく。本章では、まずバリュエーションがどのようにストーリーと数字を結びつけるかを説明し、その後、ビジネスストーリーを語り、そのストーリーの妥当性を確認し、そして、そのストーリーをバリュエーションの入力値や価値に転換するプロセスを説明していく。

架け橋としてのバリュエーション

　優れたバリュエーションはストーリーと数字の架け橋となり、事業に関するストーリーをバリュエーションの入力値、そして価値と結びつける。このプロセスを図5.1に示した。

図5.1　架け橋としてのバリュエーション

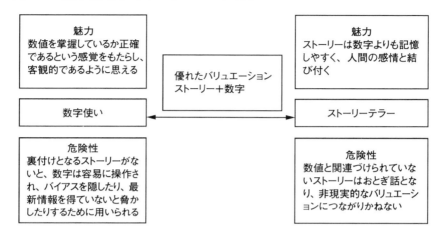

　簡潔に記せば、スプレッドシートやモデルで数字を編集することで得られるのはバリュエーションではなく、財務モデルである。事業の見通しに関するストーリーは、それがどれほど遠大なものだろうが、説得力のあるものだろうが、おとぎ話にすぎない可能性がある。現実に根を下ろしたバリュエーションを行うためには、バリュエーションで用いるすべての数値、つまり成長率やリスクや収益性の値にはそれを説明するストーリーが伴わなければならず、またブランド力から経営陣の質に至るまで企業に関するストーリーはそれを裏付ける数字が必要になる。

　バリュエーションをストーリーと数字の架け橋と考えることで、企業を評価できるようにするためにプロセスに何を取り込むべきかが明確になる。合理的なバリュエーションを行い、行動の根拠とするためには、規律あるストーリーテラーや創造力あふれる数字使いでなければならない。数字を扱うのが得意であれば、企業を評価し

たい場合、定量的な要素は比較的気楽に取り組み、最終的にそれらを数字に落とし込むことが自らの作業になる。ストーリーテリングのほうが魅力を感じるならば、自らのストーリーをバリュエーションの入力値に転換できるように数字に取り組まなければならない。

ストーリーから数字へ　プロセス

この節では、バリュエーションでストーリーを数字に転換する流れを説明する。だが、その順序は変えられないものではなく、自分のやりやすい順序を見つけることもできる。最終目的はストーリーを数字と組み合わせることである。

ステップ1――ビジネスストーリーを構築する

最初のステップは、評価しようとしている企業に最もふさわしいと思うバリュエーションのストーリーを考えることである。だが、それには下調べを行い、評価している企業やその製品、活動している市場や対峙している競合他社を理解する必要がある。この評価を行うに当たり、次に挙げることを利用できる。

●**企業の事業**　企業のビジネスストーリーを構築するうえで最も重要な要素の1つがその企業が行っている事業を明確にすることである。これは当たり前のように思えるかもしれないが、思っているよりも難しい。例えば、フェイスブックはどのような事業を行っているかと問われたら、多くの者たちがソーシャルメディアと答えるだろう。だが、ソーシャルメディアはその他の事業を遂行

するためのプラットフォームであり、それ自体が事業ではない。少なくとも2023年のフェイスブックは収益のほとんどを広告から生み出した。そして、同社は広告の事業を続けると前提することで、フェイスブックのストーリーが組み立てられる。

●**企業の財務実績**　企業のストーリーを組み立てる場合、その財務実績に目を向けるべきだ。それは過去がプロローグになると考えているからではなく、その実績（過去の成長率や収益性）が繰り返されると前提にすること自体が正当化を必要とするストーリーであり、過去の実績から逸脱する（例えば、高かった成長率が低下する、赤字の企業が黒字化する）と仮定する場合も同じである。あとの章で見ていくように、アナリストが若い企業やスタートアップ企業の評価に苦労する理由の1つが、実績がないことだ。

●**市場全体の歴史と成長**　企業の製品やサービスの市場全体の過去の成長率は、将来の成長率の評価とともに、企業のストーリーの重要な要素になる。成長している市場の企業（2023年のAI［人工知能］向け半導体事業を行うエヌビディア）を評価している場合は、停滞・縮小している市場の企業（2023年の清涼飲料メーカーのコカ・コーラやタバコメーカーのアルトリア）に取り組んでいる場合よりも企業の成長性が高いというストーリーを語るのが容易になる。

●**競合他社**　成長している市場では追い風を受けられるが、その市場の企業は競争に直面する。歴史には成長している市場で衝突炎上した企業があふれている。企業のストーリーを構築するにあたり、その企業が有している（または有していない）競争優位とそれが時間の経過とともにどのように展開するかについて考える必要がある。参入障壁がほとんどない業界で活動している企業は、

成長するためにはより懸命に働かなければならない。そのような企業のビジネスストーリーはこの制約を反映したものになる。
●**マクロ経済**　企業やその業界がマクロ経済のリスクにどの程度さらされているかに応じて、マクロ経済がどうなると考えているかをストーリーに織り込まなければならない。そのため、シクリカルな企業の評価をしているならば、経済の評価が企業のストーリーの一部になる。石油会社であれば、原油価格の将来の動向が企業のストーリーの重要な部分になるだろう。

評価している企業のビジネスストーリーを構築するときには、自分は創造力あふれる小説家ではなく、バリュエーションの基礎を構築していることを思い出すべきである。結果として、次に挙げることを目標としてほしい。

●**シンプルにする**　企業のビジネスストーリーを語るとき、興味深いかもしれないが、価値には関係のない事柄に簡単に乱されてしまう。バリュエーションで最も強力なビジネスストーリーはコンパクトで、企業の核心を突いたものである傾向が強い。1997～2012年までのアマゾンのバリュエーションで、われわれは、アマゾンはフィールド・オブ・ドリームス企業であり、収益を上げる仕組みを構築するのが先で、利益を得るのはあとで良いという信念の下に立ち上げられた企業であるということを同社のコアストーリーとした。2013年以降のバリュエーションでは、ストーリーは破壊装置のストーリーに変わった。つまり、弱点があり、より効率的で忍耐力のある企業なら付け入ることができると思えるあらゆる事業を攻撃する企業である。

●**集中したものにする**　どのような事業を評価していようとも、それが有益であるためには、最終的に利益を生み出すストーリーでなければならない。要するに、今すぐお金が稼げないとしても、ビジネスストーリーには将来お金を稼ぐための道筋が盛り込まれていなければならない。

　このプロセスを説明するために、インドでフードデリバリーを行うゾマトの2021年のIPO（新規株式公開）を取り上げる。IPOの時点で、ゾマトはほどほどの収益と多額の営業損失を出していたが、インドのフードデリバリー市場では大きな市場シェアを握っていた。主たる競合他社が2社（ズウィギーとアマゾン・フーズ）あった。ゾマトのストーリーを構築するには、インドのフードデリバリー市場とその成長可能性を理解する必要がある。**表5.1**で、インドのフードデリバリー市場の規模に目を向け、アメリカ、EU（欧州連合）、中国と比較した。

　お分かりのとおり、インドのフードデリバリー市場は米欧中の3つの市場と比べて、規模と1人当たり利用回数の点で後れを取っている。この差異は富（インドのGDP［国内総生産］は低い）とインターネットサービス（ゾマトのデリバリーは携帯アプリを通じて展開している）に起因する。それに加えて、文化の違いが原因となっているかもしれない。インド人はアメリカ人や中国人ほどレストランで外食しない。

　われわれはゾマトのストーリーにインドという国や外食のトレンドに関連した要素を盛り込んだ。

●インドのフードデリバリーやレストラン市場は、インド人が裕福

表5.1　2020年のフードデリバリー市場（米ドル）

	インド	中国	アメリカ	EU
一般				
2020年のGDP（兆ドル）	2.71	14.70	20.93	15.17
人口（100万人）	1360	1430	330	445
1人当たりGDP（ドル）	1,993	10,280	63,424	34,090
レストランの数（1000件）	1000	9000	660	890
フードデリバリー業				
オンラインアクセス（％）	43	63	88	90
オンラインフードデリバリー利用者（100万人）	50	450	105	150
2019年のオンラインフードデリバリー市場（100万ドル）	4,200	90,000	21,000	15,000
2020年のオンラインフードデリバリー市場（100万ドル）	2,900	110,000	49,000	13,800

になり、オンラインアクセスが増えるにつれて成長し、10年後には250億ドル（1兆8000億～2兆ルピー）に達する。
- 地元のニッチな競合他社は数多く存在するが、2～3つの大手企業が引き続き市場を独占し、それら企業が市場の大部分を握り続けている。ゾマトは勝者か生き残りの1社となり、インドのフードデリバリー市場全体の40％のシェアを獲得する。
- ゾマトのプラットフォーム上で行われた注文総額の一部が同社の収益になる。その割合は2020年には注文総額の23.13％、2021年には21.03％だった。将来、デリバリー市場が成熟し、競合他社が出現すると、その割合は22％に収束すると仮定する。

- ゾマトのような顧客と企業を結ぶ仲介業で最大の費用は顧客獲得とマーケティングの費用であることが多い。成長率が低下するにつれ、費用が収益に占める割合は低下し、収益性が高まる。われわれは、税引き前営業利益率は30％に向かうと仮定する。その主な理由は、市場は少数の大手企業が支配するが、現実にルールを守ろうとしないならず者企業の1社が収益性をひっくり返せる可能性があるからである。
- 収益を増大させるためのゾマトの再投資はテクノロジーと買収に向けられるだろう。近い将来はその必要がある。後年は成長が鈍化するにつれ、その必要性は軽減される。
- 事業のリスクは、世界進出の野望はあっても、同社はもっぱらインド国内の企業であり、成功するかどうかはインドのマクロ経済の成長にかかっている。また、ルピーの資本コストは同国のカントリーリスクを織り込んだものになる。
- ゾマトは現在は赤字だが、スタートアップ企業ではない。プラス面は、同社の規模と資金調達力とIPO後に増強されたバランスシートは、破綻リスクを引き下げるということだ。マイナス面では、同社はいまだ資金を燃やしているような状態にあり、存続するためには近い将来資金を調達する必要がある。全体のバランスを考慮して、破綻の可能性を10％とする。

実際にわれわれのストーリーでは、ゾマトはフードデリバリー企業であり、ネットスーパーやヘルスケア商品のデリバリーへの進出で得た利益は追加的なものにすぎない。

ステップ２──3Pテスト

　評価しようとしている企業のビジネスストーリーを構築したら、一度立ち止まり、そのストーリーが3Pテストと呼ぶものを通過するかどうかを確認しなければならない。すなわち、そのストーリーには、①可能性がある（Possible）のか、②もっともらしい（Plausible）のか、③確からしい（Probable）のか──だ。3つのテストの違いを図5.2にまとめた。

　「可能性がある」から「もっともらしい」へ、そして、「確からしい」と進むにつれ、テストは厳しくなり、ストーリーテラーによる説得力ある説明や多くのデータが必要になる。「可能性がある」テストは3つのうちで最も弱く、ストーリーが成り立ち、おとぎ話ではない道筋が存在することを示すだけでよい。「もっともらしい」テストはそれよりも強くなり、少なくとも小さな事業規模（市場テスト、地理）では成功していることを示す証拠が必要になる。「確からしい」テストは、自らのビジネスストーリーが拡張でき、また参入障壁が機能することを示さなければならないので最も難しいものになる。

　事業の歴史が長く、実証されたトラックレコードのある企業なら、同じ事業を継続すると仮定すれば3Pテストは容易に通過する。コカ・コーラは清涼飲料の市場でこれまでと同じ比率で成長するという仮定や、アルトリアは喫煙率が低下するにつれて収益が縮小するという仮定が反発に遭う可能性は低い。だが、コカ・コーラが酒造会社に転換するとか、アルトリアが大麻に手を広げるというストーリーはさらなる説明や強力な裏付けが必要になる。

　ゾマトについては、同社は成長進化を遂げているインドのフード

第1部　全力で進め——バリュエーションの基礎

図5.2　バリュエーションのストーリー——3Pテスト

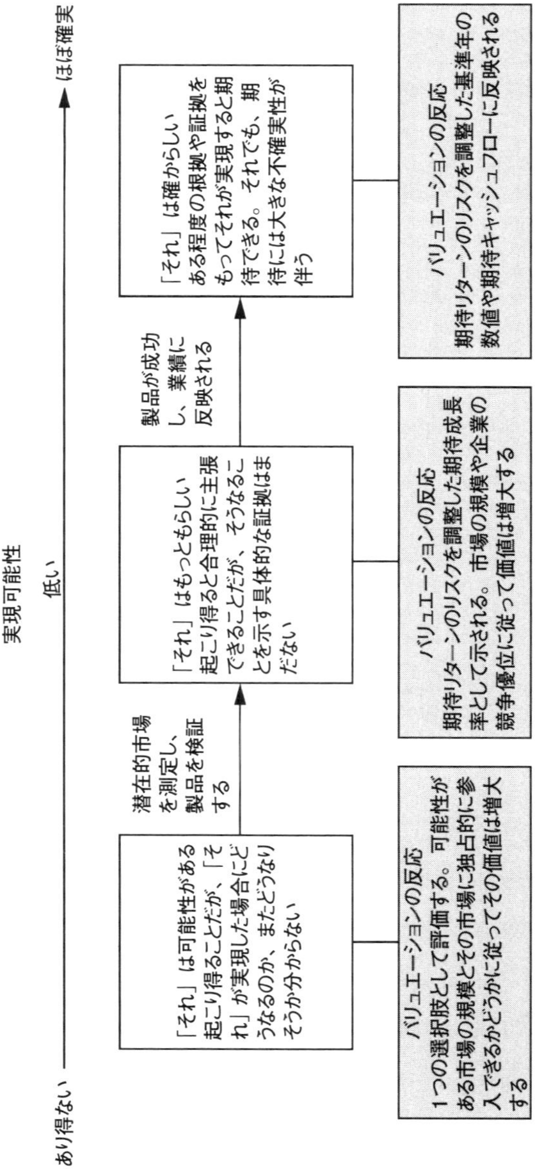

実現可能性：あり得ない ← 低い ── ほぼ確実 → 実現確実

ステップ1：
「それ」は可能性がある。起こり得ることだが、「それ」が実現した場合にどうなるのか、またどうなりそうなのかが分からない

↓ 潜在的市場を測定し、製品を検証する

ステップ2：
「それ」はもっともらしい。起こり得ると合理的に主張できることだが、そうなることを示す具体的な証拠はまだない

↓ 製品が成功し、業績に反映される

ステップ3：
「それ」は確からしい。ある程度の根拠や証拠をもって「それ」が実現すると期待できる。それでも、期待には大きな不確実性が伴う

ステップ1のバリュエーションの反応：
1つの選択肢として評価する。可能性がある市場の規模とその市場に独占的に参入できるかどうかに従ってその価値は増大する

ステップ2のバリュエーションの反応：
期待リターンのリスクを調整した期待成長率として示される。市場の規模や企業の競争優位に従って価値は増大する

ステップ3のバリュエーションの反応：
バリュエーションのリスクを調整した基準年の期待リターンや期待キャッシュフローの数値に反映される

100

デリバリー市場で破壊的なビジネスモデルを展開しているので、検証は難しくなる。ゾマトはフードデリバリー事業で成功しているので、この市場に関してゾマトのストーリーを構築しても、少なくとも収益の成長や大幅な市場シェアの拡大という点については容易に弁護できる。だが、2021年のゾマトについては、ネットスーパーの事業からより広範な商品を扱う消費者向けプラットフォームに至るまでより大きなストーリーが存在する。このようなストーリーは厳しいテストに直面する（それでも通過するかもしれないが）。

ステップ3──ストーリーと入力値を結びつける

　ストーリーをバリュエーションの一部とするためには、ストーリーの各要素をバリュエーションの入力値に転換しなければならない。何十もの入力値が必要で、算出結果も複雑なものになるバリュエーションモデルを用いていると、これは不可能とは言わないまでも、難しいものになる。バリュエーションは入力値ができるかぎり少なく、算出結果も限定される簡素なものにすべきだと考える。その理由の1つが、そのほうがストーリーと結びつけるのがはるかに容易だからである。第3章で、バリュエーションの基礎を紹介し、企業の価値を少数の入力値と結びつけられると主張した。それを**図5.3**に示した。

　入力値を分解すると、企業のキャッシュフローは次の3つの主たる要素の関数だと言える。

●**成長率**　ビジネスストーリーの成長の部分は収益の成長率で捉えるのが最も良く、成長は販売量の増加か単位当たりの価格上昇（ま

図5.3 価値の要素

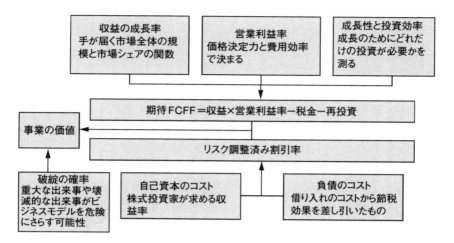

たは両方) からもたらされる。収益の成長率は、市場が大きいほど高くなり、製品やサービスの市場全体の規模が重要な要素になる。また、市場で占める規模が大きい企業ほど成長率は低くなる。それは規模の大きさが不利に作用するからだ。

- **収益性** ビジネスストーリーの収益性は、企業について自ら推定した営業利益率に表れる。この推定を行う場合、まずは単位当たりの経済性に目を向けることから始めるべきである。つまり、企業は販売量を1単位追加するためにどれだけの費用がかかるのかということで、単位当たりの経済性が高いほど、営業利益率は大きくなる。順調なソフトウェア企業は、順調な化学薬品会社や自動車会社よりもはるかに高い営業利益率を安定して達成する。
- **投資効率** 収益を増大させるためには、企業は再投資しなければならない。その再投資は製造業であれば工場や設備に、ハイテク企業ではR&D (研究開発費) や買収に投じられる。成長が生み

出される効率は、企業が投下した1ドルに対してどれだけの収益を生み出せるかで測ることができ（投下資本回転率）、効率性が高い企業ほど多くの収益が生み出される。

考えられる事業のリスクを示す入力値が2つある。

●**事業リスク**　第3章で企業の資本コストを算出するプロセスを見てきた。資本コストを大局的に捉えると、それは企業の事業リスクを測っている。あえて記せば、より多くの事業リスクに直面する企業ほど資本コストは高くなる。資本コストが高いか低いかを判断する視点として、**表5.2**に2023年7月の世界の企業の資本コストの分布を地域ごとにまとめている。これらの数値は米ドル建てだが、その他の通貨に転換するには、米ドルとそれら通貨のインフレ率の違いを織り込めばよい。つまり、アメリカの期待インフレ率が3％で、インドが5％ならば、インド企業にとってインドルピー建ての資本コストの中央値は13.19％（途上国市場の企業の資本コストの中央値に2％を足す）になる。

●**破綻のリスク**　企業が継続するならば、企業に帰属するフリーキャッシュフローを資本コストで割ることでその企業の営業資産の価値が算出される。若い企業やディストレスト企業では、破綻の可能性が高くなる。破綻のリスクを織り込んで割引率を高めようとするのではなく、破綻のリスクを評価し、破綻した場合の価値を評価すべきである。

つまり、ビジネスストーリーと価値を結びつけるためには、ストーリーを反映させるために、どの入力値を変更するべきかを考えな

表5.2 アメリカと世界の企業の資本コスト（米ドル建て。2023年7月）

十分位・四分位	アメリカ	途上国市場	欧州	日本	世界
第1十分位（リスクが最も低い）	6.01%	8.08%	7.26%	7.71%	7.39%
第1四分位	7.26%	9.56%	8.64%	9.07%	9.08%
中央値	9.63%	11.19%	10.41%	10.72%	10.60%
第3四分位	10.88%	12.97%	12.02%	11.50%	12.07%
第9十分位（リスクが最も高い）	11.63%	15.31%	14.25%	13.10%	14.04%

ければならない。ビジネスストーリーの主たるセールスポイントが潜在的な市場が大きいことならば、その考えを最も適切に反映するのは収益の成長率となり、評価している企業が競合他社に対して大きな優位性（技術、ブランド名、特許）を持っていることならば、市場シェアの増大にそれが表れる。**図5.4**に、ビジネスストーリーの主たる要素とバリュエーションの入力値とのつながりをまとめた。

この枠組みを2021年のIPO時のゾマトに当てはめて、インドのフードデリバリー市場を市場全体として、われわれのストーリーをバリュエーションの入力値に転換した。**図5.5**に、2021年6月のゾマトのストーリーと入力値との関係を示している。

ストーリーのすべての要素がバリュエーションの入力値に転換されていること、そしてゾマトのストーリーが変われば、これら入力値と同社の価値も変わることに注意してほしい。

図5.4 ストーリーとバリュエーションの入力値

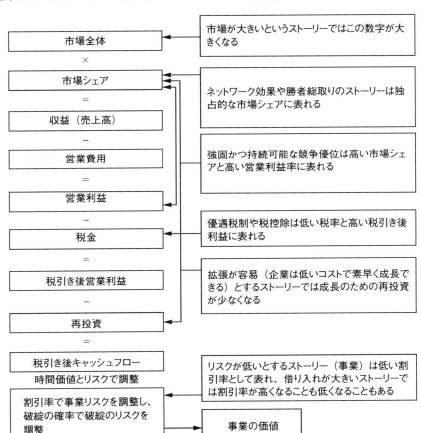

ステップ4 ── 入力値から価値へ

　ストーリーをバリュエーションの入力値に転換してしまえば、これらの入力値を予想の数値や価値に転換するプロセスは機械的なものにすぎない。具体的には、収益の成長率を用いて将来の期待収益が得られ、その収益に予想利益率を当てはめれば営業利益が得られ

第1部 全力で進め──バリュエーションの基礎

図5.5 ストーリーとバリュエーションの入力値──2021年6月のゾマト

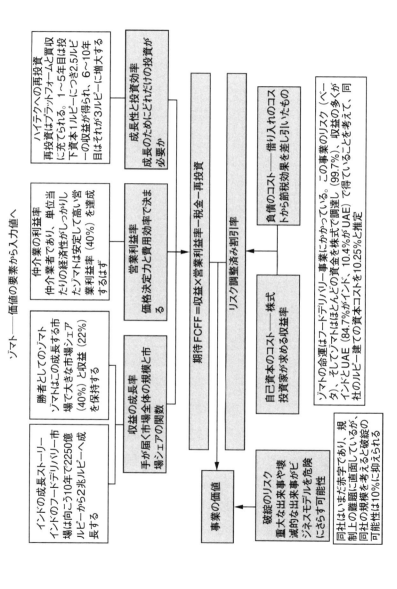

第5章　ストーリーと数字——ストーリー、価値、価格

表5.3　ゾマトの予想営業利益（単位＝100万ルピー）

	市場全体	市場シェア	収益のシェア	収益	営業利益率	EBIT
1	337,500	41.72%	22.00%	30,975	−10.00%	−3,097
2	438,750	41.29%	22.00%	39,853	−1.25%	498
3	570,375	40.86%	22.00%	51,270	6.88%	3,527
4	741,488	40.43%	22.00%	65,951	12.50%	8,244
5	963,934	40.00%	22.00%	84,826	18.13%	15,379
6	1,203,471	40.00%	22.00%	105,905	20.23%	21,425
7	1,440,555	40.00%	22.00%	126,769	27.61%	35,001
8	1,650,156	40.00%	22.00%	145,214	35.00%	50,825
9	1,805,271	40.00%	22.00%	158,864	35.00%	55,602
10	1,881,995	40.00%	22.00%	165,616	35.00%	57,965

る。ゾマトのストーリーでのこのプロセスを**表5.3**にまとめた。

次に、税金と再投資の影響を導入する。赤字となった1年目は税金を支払わず、2年目の利益の多くは繰越欠損金を充当し、その後25％の税率に落ち着くことに注意してほしい。**表5.4**で分かるとおり、資本回転率を用いて投資効率を仮定することで、再投資額とフリーキャッシュフローが推定できる。

1株当たりの価値を算出するために、キャッシュフローを推定した資本コスト（当初は10.25％で10年目までに8.97％まで低下）で割る（資本コストは変化しているので、7年目のキャッシュフローを割り引くためには、各期の資本コストを複利で用いなければならない。「$19,299 \div (1.1025^5 \times 1.10 \times 1.0974)$ ＝98億1300万ドル」）。われわれは10年目末の価値を推定することでバリュエーションを終了とする。そのために、10年目以降のインドルピー建ての永久成長率を

107

第1部　全力で進め——バリュエーションの基礎

表5.4　2021年のゾマトの企業に帰属するフリーキャッシュフローと現在価値（単位＝100万ルピー）

年	EBIT	税率	EBIT×(1-t)	再投資	FCFF	資本コスト	PV（100万ドル）
1	−3,097	0.00%	−3,097	4,415	−7,512	10.25%	−6,814
2	498	0.00%	498	3,551	−3,053	10.25%	−2,512
3	3,527	6.63%	3,293	4,567	−1,273	10.25%	−950
4	8,244	25.00%	6,183	5,872	311	10.25%	210
5	15,379	25.02%	11,531	6,292	5,239	10.25%	3,216
6	21,425	25.02%	16,065	7,026	9,039	10.00%	5,044
7	35,001	24.99%	26,253	6,954	19,299	9.74%	9,813
8	50,825	25.00%	38,119	6,148	31,970	9.48%	14,848
9	55,602	25.00%	41,702	4,550	37,152	9.23%	15,797
10	57,965	25.00%	43,474	2,251	41,224	8.97%	16,085

108

4.25％、ROC（資本利益率）を12％とした。

ターミナルバリュー＝（11年目の税引き後営業利益×（１－成長率÷ROC））÷（資本コスト－成長率）
＝（43,474×（1.0425）×（１－0.0425÷0.12））÷（0.0897－0.0425）
＝6201億3300万ルピー

　この値を割り引き、キャッシュフローの現在価値に足すことで営業資産の価値が得られる。１株当たりの価値を算出するために、負債額を引き、現金残高（IPOでの調達予想額を含む）を足し、株式公開後の発行済み株式数で割る。

ターミナルバリューの現在価値	241,972百万ルピー
＋向こう10年間のFCFFの現在価値	54,737百万ルピー
（FCFFは「企業に帰属するフリーキャッシュフロー」）	
＝営業資産の価値	296,709百万ルピー
－破綻のリスクを調整	14,835百万ルピー
＝破綻リスク調整後の営業資産の価値	281,873百万ルピー
－負債・少数株主持ち分	1,592百万ルピー
＋現金（売買目的有価証券を含む）	135,960百万ルピー
＝自己資本の価値	416,245百万ルピー
－株式オプションの価値	73,245百万ルピー
株式数	7,946.68百万株
１株当たりの価値	43.16ルピー

　以上のプロセスで１株当たりの価値はおよそ43ルピーになる。こ

こで立ちどまり、各段階でストーリーが数値に反映されていることを思い出してほしい。

ステップ5——フィードバックループは開けておく

　評価している企業のストーリーが出来上がり、そのストーリーが3Pテストを通過することを確認し、そのストーリーをバリュエーションの入力値に転換し、そして企業を評価したとしよう。お祝いしたいところだが、これは企業の価値ではなく、自分のストーリーと入力値を反映した自分が評価した価値であり、おそらくは間違いであることを自覚する価値はある。これが、バリュエーションのプロセスでフィードバックを得られるようにしておくことが重要な理由である。とりわけ、まったく意見の違う者からのフィードバックであればなおさらである。この批評に対して防御的に反応するのではなく、耳を傾ける場合には、それらの主張を用いて自らのストーリーを強化し、確たるものにすることを考えるべきだ。

　ゾマトのバリュエーションでは、われわれのストーリーとは異なる意見を持ち、別のストーリーを示し、はるかに高い価値や低い価値を付けた者たちが多くいた。高い価値を付けたストーリーは市場によって裏付けられた。72ルピーで取引が始まった同社の株式はその月に上昇を続け、150ルピーに達した。代替的なストーリーがバリュエーションにどのような影響を与えるかを把握するために、われわれはそれらのストーリーを用いて価値を推定し、**表5.5**に示した3Pテストに基づいてバリュエーションを分類した。

　表5.5を見ると、価値についてはどのようなことでもあると思うかもしれないが、われわれはそのようには考えない。構築したスト

表5.5 ズマト——代替的なストーリーと1株当たりの価値

ズマトのストーリー	市場全体(100万ルピー)	市場シェア	収益のシェア	目標利益率	資本コスト	1株当たり価値
フードデリバリー業界で絶対的な地位を獲得	5,000,000	40%	25.00%	45.00%	9.50%	150.02
フードデリバリー業界のスターになる	5,000,000	40%	22.00%	35.00%	9.50%	93.00
フードデリバリー業界のリーダーとなるが競争もある	5,000,000	40%	15.00%	25.00%	10.99%	61.55
フードデリバリー業界で絶対的な地位を獲得する+インドは高成長	3,000,000	40%	25.00%	45.00%	9.50%	94.31
フードデリバリー業界のスターになる+インドは高成長	3,000,000	40%	22.00%	35.00%	9.50%	59.02
フードデリバリー業界のリーダーになる+競争+インドは高成長	3,000,000	40%	20.00%	25.00%	10.99%	35.52
われわれのストーリー→ポジティブ	2,000,000	40%	25.00%	45.00%	10.25%	56.66
われわれのストーリー	2,000,000	40%	22.00%	35.00%	10.25%	39.48
われわれのストーリー→ネガティブ	2,000,000	40%	20.00%	25.00%	10.25%	26.16
フードデリバリー業界で絶対的な地位を獲得+インドは低成長	1,125,000	40%	25.00%	45.00%	9.50%	36.48
フードデリバリー業界のスターになる+インドは低成長	1,125,000	40%	22.00%	35.00%	9.50%	24.02
フードデリバリー業界のリーダーになる+競争+インドは低成長	1,125,000	40%	20.00%	25.00%	10.99%	16.58

ーリーによってゾマトの価値が劇的に変化するのは確かである。だが、それはすべての若い企業に当てはまることであり、またすべてのストーリーが等しくもっともらしいとは限らない。特に、若い企業に投資する場合、もっともらしいと思えるストーリーを見つけなければならず、また、まったく異なる意見を持った投資家がほかにいるという事実を受け入れなければならない。より成熟した企業では、ストーリーが分かれる余地は少なく、バリュエーションに関する意見はかなり一致したものになるだろう。投資の利益は同じ企業に目を付けている投資家よりも間違いが少ないことで得られるので、より成熟した企業に投資するよりも、価値に関する意見が大きく分かれる若い企業のほうがバリュエーションを行うことで得られる利益は大きくなるという主張の信憑性は高くなる。

ストーリーのリセット、変更、崩壊

　ストーリーに基づいてバリュエーションを行うことの利点は、企業に関する新たなニュースを検証したり、業績発表の影響を評価したりする場合に全体的な見通しが得られることである。新しいCEO（最高経営責任者）が就任したことによる期待感や、企業の業績がアナリストの予想を3セント上回るか、5セント上回るかといったことに注目するのではなく、新しいCEOが企業のストーリーをどのくらい変えるか、発表された業績は企業のストーリーを変えるものかといったことに注意を向けることができる。ストーリーの変更はおおよそ次の3つのグループに分けられる。

1．ストーリーの崩壊　バリュエーションのストーリーの基礎とし

たビジネスモデル全体が台無しになるような出来事は、自らのストーリーと価値を崩壊させかねない。創業の浅い製薬会社であれば、これは同社の製品パイプラインにある有望な薬が起こした致死的な作用という形をとるかもしれない。規制当局の認可に頼っている企業では、ライセンスや営業許可が取り上げられるということもある。例えば、ゾマトでは、アプリを通じたフードデリバリー事業を政府が取り締まりに乗り出せば、価値に致命的な影響を及ぼしかねない。

2. **ストーリーの変更** コアになるストーリーが大袈裟か控え目すぎると思えるような出来事が発生すれば、企業のストーリーと価値を変更するはずである。ゾマトの場合、同社がフードデリバリーだけでなくネットスーパーまで手を広げられるようなブレークスルーが起こったことが決算発表で発表されれば、ストーリーはより良好になり、価値を押し上げる。一方で、競合他社のズウィギーが徴収する手数料（収益として徴収される総取扱高の一部）の引き下げ計画を発表したら、ゾマトのストーリーの収益性の部分に影響が及ぶだろう。

3. **ストーリーの更新** コアになるストーリーは壊れず、変更することもないかもしれないが、マクロ経済の展開や企業のストーリーに基づいて自らのストーリーの概略を再評価するかもしれない。ゾマトのストーリーの成長率はインド経済が力強く成長し、同国の外食産業がそれ以上に成長することを前提としている。この前提の1つか両方を再評価するような情報を手にすれば、同社に関するストーリーと価値は変わるだろう。

ちょっとした警告だが、投資家は容易に自らのバリュエーション

のストーリーに酔い、そのストーリーに逆らうニュースを拒んだり、否定したりしてしまう。些細な問題で自らのバリュエーションを放棄しないだけの自信を持つことと、それを放棄すべきことを示すデータがあれば妄信しないようにするバランスをとることが、投資では最も難しい問題である。

ストーリー＋数値

　最終的にバリュエーションは収益や利益やキャッシュフローの数字から得られ、それらの数字にはストーリーが織り込まれている。信頼できるバリュエーションを行うためには、そのストーリーを把握しておくだけでなく、そのストーリーが合理的かどうかを確認しなければならない。バリュエーションは企業に関するストーリーの関数であると同時に、そのストーリーを裏付けるために用いている数字の関数でもある。本章で伝えるべきことがあるとすれば、優れたバリュエーションを行うためには、自分の脳の数字の部分とストーリーの部分の双方を用いなければならない、そして弱い部分に対処しなければならないということである。

第2部
揺りかごから墓場まで──ライフサイクルとバリュエーション

From Cradle to Grave -- Life Cycle and Valuation

第6章
前途有望——若いグロース企業を評価する

Promise Aplenty -- Valuing Young Growth Companies

　2012年後半、フェイスブック（現メタ）はインスタグラムという若いハイテク企業を10億ドルで買収しようとした。創業2年のインスタグラムは、収益はほとんどなく、営業損失を出していた。成長の可能性があったことは明らかだが、同社のビジネスモデルには大きな不確実性が伴っていた。買い付け額を評価するにあたり、アナリストたちは困惑した。事業の歴史も、市場価格のデータもほとんどない企業を評価する方法が分からなかったからだ。

　あらゆる事業がアイデアから始まるとすれば、若い企業にはアイデア企業（収益も製品もない企業）から、製品を試しているスタートアップ企業、そして収益性を獲得しようとしている第2段階の企業まで幅がある。図6.1では若いグロース企業の変遷を図解した。

　若いグロース企業のほとんどは未公開で、創業者か、ベンチャーキャピタリストの資金で賄われていることが多い。だが、過去20年で、ハイテクやバイオテクノロジーなどのセクターの企業はこのプロセスを飛び越え、公開できるようになった。そのような企業は上場すると、成長の可能性に付随する不確実性に進んで立ち向かおうとする投資家たちに可能性と危険性を提供する。若い企業には次の

図6.1　事業のライフサイクルの初期段階

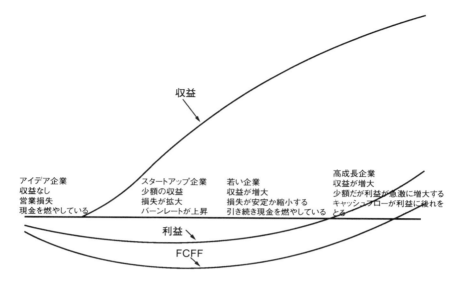

ような共通の特徴がある。

- ●**過去の決算データがない**　若い企業のほとんどは事業や資金調達に関するデータが1～2年分しかなく、1年未満の財務データしかない企業もある。
- ●**収益はわずかかまったくなく、営業損失を出している**　多くの若い企業は収益がわずかしかないか、まったくない。費用は収益を生み出すためのものというよりも、事業を立ち上げるためのものであることが多い。その結果、多額の営業損失を出している。
- ●**多くの企業は倒産する**　米労働統計局の統計では、2006年に設立されたすべての企業のうち少なくとも5年存続したのはたった45％であり、15年存続したのは24％にすぎなかった。
- ●**流動性のない投資対象**　未公開企業の株式は、たとえ価値や価格

が高くても流動性がない。上場しているものでも、時価総額は小さく、浮動株は比較的少ない。株式の大部分は創業者やベンチャーキャピタリスト、その他プライベートエクイティーの投資家が保有している。

●**株式の権利が多様**　キャッシュフロー（配当）に対する第一請求権を有する株主もいれば、追加的な議決権を有していたり、特別に守られていたりする株主がいることも珍しくなく、株式に付随する権利が不平等である。
●**株式報酬**　多くの企業がライフサイクルを通じて、制限株やオプションという形の株式を従業員の報酬に充てている。若い企業は従業員に支払う現金が不足しているので、そのような株式報酬が不釣り合いに用いられることが多い。

これらの特徴は個別で見れば解決できない問題を引き起こすわけではないが、1社がこれらの特徴を多く有していると、バリュエーションには最悪の事態になる。ほとんどの投資家やアナリストが音を上げるのも不思議ではない。

バリュエーションの問題点

本源的バリュエーションでは、若い企業ほど価値を決める4つの要因（①既存の資産が生み出すキャッシュフロー、②そのキャッシュフローの期待成長率、③割引率、④成熟するまでの期間）のそれぞれを推定することが難しくなる。既存の資産が生み出すキャッシュフローはほとんどないか、マイナスになることが多く、将来の収益と割引率を推定するには、過去のデータが限られているか、ない

ことから難しくなる。さらにその企業が存続して安定するようにならないかもしれない可能性やさまざまな種類の株式が存在するかもしれないことを考えると、価値の要素を推定するのは非常に難しくなる。結果として、ほとんどの投資家が本源的価値を基準に若いグロース企業を評価しようとしないで、投資判断を正当化するような魅力的なストーリーに頼ってしまう。

　マルチプルや類似企業を用いて若い企業の価格付けを行おうとするアナリストもいる。しかし、これも次のことから難しくなる。

- **株価と何を比べるのか**　若い企業は損を出し（純利益もEBITDAもマイナス）、簿価という点では見るべきものもほとんどなく、収益もほんのわずかである。これらの変数と市場価格の比率を求めるのは難しくなる。
- **類似企業はどのようなものか**　評価しようとしている若い企業が、若い企業がたくさん存在するセクターで活動しているとしても、それらの企業には大きな違いがある可能性がある。成熟したセクターの若い企業であれば、類似企業を見つけるのが非常に難しくなる。
- **生存率をどのように調整するか**　直感的に考えれば、若い企業の価格付け（自分たちが割り当てる収益や利益のマルチプル）は存続する確率に応じて高くなると思うかもしれない。しかし、この直感的な原則を実践するのは簡単なことではない。

　要するに、若い企業のバリュエーションや価格付けの問題を解決する簡単な方法は存在しないのである。

バリュエーションの解決策

　この節では、まず若い企業の本源的価値を推定するための基礎を構築する。次に、特殊な特徴を持つ若い企業に相対バリュエーションを当てはめるには、どうするのが最も良いかを検討する。最後に、そのような企業への投資をオプションとして考えることで、バリュエーションにどのような知見が得られるかを考える。

本源的バリュエーション

　割引キャッシュフローモデルを用いて若い企業を評価する場合、各段階で若い企業の特徴にどのように対応するのが最良かを考え、推定のプロセスを体系的に進めていく。そのプロセスを説明するために、ホスピタリティー業界に革命をもたらしたエアビーアンドビー（ABNB）の2020年11月のIPO（新規株式公開）時点の評価を行う。同社は創業10年を超えており、成長の可能性は高く、収益は2015年の9億1900万ドルから2019年には48億ドルまで5倍以上に増加した。だが、同社のビジネスモデルはまだ不安定で、2019年には5億0100万ドルの営業損失を出した。新型コロナウィルスによる世界経済の停滞で、ホスピタリティー業界が最も影響を受けたことから、このバリュエーションの不確実性は増大した。結果として、このバリュエーションを行うまでの12カ月間に、エアビーアンドビーの収益は36億ドルまで減少し、損失は8億1800万ドルまで膨らんだ。

将来のキャッシュフローを推定する

　将来のキャッシュフローを予想するときに鍵となる数字が3つあ

る。1つ目は、収益の成長率で、これは直近の過去から推定するか、製品やサービスの市場規模と予想される市場シェアを推定することで得られる。企業が提供する製品やサービスが限定されたものならば、その企業の潜在的市場は小さくなり、広範にわたるものならば市場は大きくなる。エアビーアンドビーをアパートの賃貸を行う企業と定義すると、ホスピタリティー業界の企業と定義する場合よりも市場は小さくなる。次のステップは分析している企業がその市場で獲得するシェアを推定することである。これは長期的な視点と、そこに至るまでの期間との2つから考える。この段階で、若い企業の製品の質や経営陣の質と、その企業が目標を達成するために利用できる資源について考える。

　エアビーアンドビーの経営陣は能力と創造性があることを証明しており、賃貸業で最大のネットワークを持つことで得られるネットワーク効果によって、ホテルから市場シェアを奪い続けるだけでなく、マネをしようとする同業他社に対しても優位性を得られるだろう。われわれはエアビーアンドビーのプラットフォーム上での総予約高は、新型コロナウィルスによる制限が緩和されるにつれ、2021年に40％増加し、向こう4年間で年間の成長率は25％になると推定している。ちなみに、この成長率は10年目には2％まで低下するとした。この総予約高からのエアビーアンドビーの収益となり、市場支配力と規模の経済性ゆえに、その比率は向こう12カ月の12.65％から、向こう10年で14％まで増大すると予想している。**表6.1**に、エアビーアンドビーの総予約高と収益の予想をまとめた。

表6.1　エアビーアンドビーの予想収益（単位＝100万ドル）

	成長率（%）	総予約高	シェア（%）	収益
直近の実績		26,492		3,626
1	40.00	37,089	12.65	4,692
2	25.00	46,361	12.92	5,990
3	25.00	57,951	13.06	7,565
4	25.00	72,439	13.19	9,555
5	25.00	90,548	13.33	12,066
6	20.40	109,020	13.46	14,674
7	15.80	126,245	13.60	17,163
8	11.20	140,385	13.73	19,275
9	6.60	149,650	13.87	20,749
10	2.00	152,643	14.00	21,370
最終年	2.00	155,696	14.00	21,797

> **価値の要素　その1──収益の成長率**
>
> 若い企業が価値を持つためには少額の収益が増えなければならない。評価している企業はどのくらい早く成長できるだろうか。

　企業は最終的に利益を出して初めて価値を持つ。結果として、次のステップは予想収益に付随する営業利益を推定することである。われわれは推定のプロセスを2つに分けている。1つ目は、企業が成熟したときの目標になる営業利益率を推定することである。それは主に業界内の実績ある企業に目を向けることで行われる。この推定を行うにあたり、すべての株式報酬は現金で支払われるものでは

ないとしても費用として扱うべきである。つまり、株式での支払いは現物支給と同じようなものなので、費用である。会計士たちがやっとこの認識を持つようになり、GAAP（一般に公正妥当と認められた会計原則）でもIFRS（国際財務報告基準）でもオプションや制限株の付与を費用として扱うようになったという事実が役に立つ。

現在はマイナス22.56％というひどい数値であるエアビーアンドビーの税引き前営業利益率は、25％まで改善すると仮定している。これは同じような規模とビジネスモデルを持つ唯一の競合他社であるブッキングドットコムの利益率を少し下回る値である。2つ目は、利益率が長期的にどのような展開を示すかに目を向ける。この「収益性を獲得する道筋」が競合他社よりも険しいものになる企業もある。この推定を行うには、固定費や競争が大きな影響を及ぼす。予想収益と予想営業利益率を掛けると、予想営業利益が得られる。この利益に課せられる税金を推定するためには、前年までの営業損失の繰越額がその後の利益を相殺する可能性について考えなければならない。エアビーアンドビーが過去に積み上げた営業損失の純額である1億6760万ドルと、向こう2年間に発生すると思われる損失で、5年目までは利益への課税は避けられる。

> ### 価値の要素　その2──目標利益率
>
> 今日損を出していても、将来は利益を出さなければならない。成熟したときに、その企業の営業利益率はどうなるだろうか。

成長には再投資が必要である。製造業であれば、追加的な生産設備への投資という形をとるだろう。ハイテク企業の場合、R&Dや

新しい特許への投資だけでなく、人的資本（ソフトウェアのプログラマーや研究員の採用）への投資も含まれる。エアビーアンドビーでは、主に自分たちが活動するニッチな市場や技術の獲得を目的とした小規模な企業の買収、そしてプラットフォームへの投資という形をとる。エアビーアンドビーの過去の再投資と競合他社（エクスペディアとブッキング）の再投資に基づいて、われわれは収益を追加で２ドル生み出すために１ドルの資本を投資する必要があると推定している。

　表6.2で、エアビーアンドビーの利益とキャッシュフローを推定している。予想キャッシュフローは、向こう６年間はマイナスで、既存の株主は自分たちの持ち分が減少する（新しい株式投資家が登場する場合）か、事業を継続するためにさらなる投資を求められるだろう。

価値の要素　その３──成長の効率（再投資）

成長の価値はそれがどのくらい効率的に達成されるかによる。評価している企業は期待した成長率を達成するためにどれだけ再投資しなければならないだろうか。

　利益率が改善するにつれ、企業の損失は利益に変わる。初期の段階で、同社は損を出しているので税金はなく、黒字となった最初の２年（３年目と４年目）も過去の繰越欠損金で税金は免れる。再投資が必要になることから、フリーキャッシュフローは長期にわたりマイナスのままだが、成長が鈍化するにつれ、キャッシュフローはプラスに転じる。

表6.2　エアビーアンドビーの予想利益と予想キャッシュフロー（単位＝100万ドル）

	収益	営業利益率	EBIT	税率	EBIT×(1-t)	再投資	FCFF
直近の実績	3,626	−22.56%	−818	0.00%	−818		
1	4,692	−10.00%	−469	0.00%	−469	532.98	−1,002
2	5,990	−3.00%	−180	0.00%	−180	649.05	−829
3	7,565	0.50%	38	0.00%	38	787.84	−750
4	9,555	4.00%	382	0.00%	382	994.58	−612
5	12,066	7.50%	905	14.05%	778	1,255.45	−478
6	14,674	9.52%	1,397	25.00%	1,048	1,304.27	−256
7	17,163	13.39%	2,298	25.00%	1,724	1,244.47	479
8	19,275	17.26%	3,327	25.00%	2,495	1,055.89	1,439
9	20,749	21.13%	4,384	25.00%	3,288	737.08	2,551
10	21,370	25.00%	5,343	25.00%	4,007	310.52	3,696
最終年	21,797	25.00%	5,449	25.00%	4,087	817.40	3,270

割引率を推定する

　若い企業の割引率を推定しようとすると、2つの問題に直面する。1つ目は、入手できる市場での履歴があまりに短く、また安定しないので、信頼に足るベータや負債のコストの推定値が得られない。2つ目は、若い企業が成熟するにつれ、長期的には資本コストが変化する可能性がある。履歴がないという問題を克服するために、企業それ自体ではなく、その企業の事業に目を向け、主たる差異について調整する方法を提案する。実際に、われわれはセクターの平均値や市場全体の統計値を割引率として利用し、企業が若いほどリスクが高くなるという前提でその値を調整した。そのため、当初若い企業の自己資本のコストや資本コストは、同じ業界のより成熟した企業よりもはるかに高くなる。時間の経過とともに変化することを織り込むために、若い企業が成長し、成熟するにつれ資本コストをセクターの平均値に収束させる。エアビーアンドビーについては、現在は赤字企業であり、ビジネスモデルを探っている段階なので、リスクが高いことを反映して、直近の資本コストは8.5％としている。エアビーアンドビーが成熟するにつれ、同社のリスクは市場の平均的な企業のリスクに収束していくので、資本コストは7.12％まで低下すると予想している。

価値の要素　その4──事業のリスク

企業の事業のリスクが大きくなるほど、その企業の価値は小さくなる。評価している企業の事業のリスクはどれほどだろうか。

今日の価値を推定し、生存率で調整する

予想期間のキャッシュフローを推定し、割り引いたら、予想期間の末時点で何が起こるかを推定し、破綻の可能性について調整し、企業の重要人物が去ることの影響を詳細に調べなければならない。

ターミナルバリュー

若い企業ではターミナルバリュー（TV）が企業価値の80％、90％、さらには100％を超えることもある。例えば、近い将来はキャッシュフローが大幅にマイナスで、新規資金の注入が必要になる場合は、100％を超える。だが、ターミナルバリューを支配する基本的な原則は変わらない。つまり、用いる成長率は経済の成長率を下回らなければならず、資本コストは成熟した企業の資本コストに収束し、安定した成長を維持するためには十分な再投資が必要である。エアビーアンドビーは、10年目以降は成熟した企業となり、年2％成長し、資本コストは成熟した企業にふさわしい7.12％となり、この成長を維持するために利益の20％を再投資すると仮定している（ROC［資本利益率］は10％で続くとしている）。

TV ＝（EBIT（1－t）×（1－安定成長期の再投資率））÷（安定成長期の資本コスト－安定成長率）
＝（4087ドル×（1－0.20））÷（0.0712－0.02）
＝638億6000万ドル

表6.3で分かるとおり、向こう10年間の予想キャッシュフローとターミナルバリューを資本コストで割ると、今日の営業資産の価値は295億6700万ドルになる。

表6.3　エアビーアンドビーのフリーキャッシュフローと価値（単位＝100万ドル）

年	資本コスト	累積の資本コスト	FCFF	TV	現在価値
1	8.50%	1.0850	−1,002		−924
2	8.50%	1.085^2=1.1772	−829		−704
3	8.50%	1.085^3=1.2773	−750		−587
4	8.50%	1.085^4=1.3859	−612		−442
5	8.50%	1.085^5=1.5037	−478		−318
6	8.22%	1.085^5(1.0822)=1.6273	−647		−397
7	7.95%	1.085^5(1.0822)(1.0795)=1.7567	137		78
8	7.67%	1.085^5(1.0822)(1.0795)(1.0767)=1.8914	1,183		626
9	7.40%	1.085^5(1.0822)(1.0795)(1.0767)(1.074)=2.0313	2,413		1,188
10	7.12%	1.085^5(1.0822)(1.0795)(1.0767)(1.074)(1.0712)=2.1759	3,696	63,860	31,047
営業資産の価値					29,567

資本コストは時間の経過とともに変化するので、割引率は各期の資本コストを複利で反映しなければならない。

生存率で調整する

若い企業の破綻リスクに対応するためには、2段階の対応を試してみるとよい。第1段階では、その企業は存続し、財政状態も安定

するという前提で企業を評価する。事実上、これはターミナルバリューを用いて、キャッシュフローをリスク調整後の割引率で割り引くときに行っている仮定である。第２段階で、企業が存続しない可能性を織り込む。破綻確率は、セクターの平均値を用いることで最もシンプルに評価できる。本章の初めに、米労働統計局のデータを用いて、2006〜2021年までのさまざまなセクターの企業の存続確率を推定した研究に言及した。この統計の数値を個別企業の破綻確率に転換するのは容易ではない。エアビーアンドビーが破綻するリスクは低いが無視することはできない。そこで、破綻確率を10％と仮定し、破綻すると同社の価値は半分になると仮定する。この比率は評価している企業固有の事情に影響を受ける。つまり、経営陣の質や資本調達力や現金残高などである。企業の価値は２つのシナリオの予想価値と表現できる。つまり、継続企業のシナリオにおける本源的価値（割引キャッシュフローから算出）と破綻シナリオで公正価値の半分になると推定したディストレスの価値である。

　エアビーアンドビーの破綻調整後の価値は次のようになる。

＝営業資産の価値×（１－破綻確率）＋清算価値×破綻確率
＝295.67億ドル×（１－0.1）＋（295.67億ドル×0.5）×（0.1）
＝280億8800万ドル

１株当たりの価値

　営業資産の価値から１株当たりの自己資本の価値を算出するプロセスでは、まず企業が保有する現金と売買目的有価証券を足すことから始める。企業が上場しようとしているか、新株による資金調達を予定しているとしたら、その流入する資金も含めるべきである。

若い企業はそれほど多額の負債を抱えていないが、負っている債務は引くべきである。そして最後に、企業の自己資本の価値から企業が従業員に付与しているオプションの残高の価値を引かなければならない。1株当たりの自己資本の価値を算出するためには、制限株を含めた今日の発行済み株式数で割ればよい。エアビーアンドビーの現金残高（44億9500万ドル）とIPOによる調達額（30億ドル）を足し、負債（21億9200万ドル）を引くと、同社の自己資本の価値は333億9100万ドルになる。最後に、1株当たりの価値を算出するために、経営陣が保有するストックオプションの推定価値（17億3700万ドル）を引き、発行済み株式数（6億7106万株）で割る。

1株当たりの価値＝（280.88億ドル＋44.95億ドル＋30億ドル－21.92億ドル－17.37億ドル）÷6.7106億株
＝47.17ドル

　エアビーアンドビーは最初の6年間にマイナスのキャッシュフローを埋め合わせるために新株を発行するだろうが、われわれはその株式を考慮していないことに注意してほしい。そのようなマイナスのキャッシュフローの現在価値は今日の自己資本の価値を低減させているので、すでに希薄化の影響は織り込んでいる。

価値の要素　その5──生き残る能力

若い企業が価値を持つためには、存続しなければならない。評価している企業の破綻の原因になる要素は何だろうか。

キーパーソンディスカウント

　若い企業、特にサービス業では企業の所有者や少数の主要人物に企業の成否がかかっていることが多い。結果として、そのような企業について推定する価値は、それら主要人物の1人かそれ以上がその企業と関係を持たなくなると大幅に変わりかねない。バリュエーションでこのキーパーソンディスカウントを評価するためには、まず、主要人物が事業に関与している現状の企業を評価し、次に改めてそれらの個人がいなくなった場合の収益と利益と予想キャッシュフローを評価する。主要人物が去ったあとに利益やキャッシュフローが減少するとすれば、事業の価値はそれら個人がいなくなったことで低減するので、「キーパーソンディスカウント」につながる。エアビーアンドビーでは、プラットフォームとそのプラットフォームの利用者が価値の多くを生み出している。そのため、キーパーソンディスカウントの必要はない。

相対バリュエーションと価格付け

　事業という点ではこれといった成果を挙げておらず、事業面で大きなリスクを抱え、存続の危機にも直面する若い企業では、次に挙げる理由から相対バリュエーションはさらに難しくなる。

- **●ライフサイクルがファンダメンタルズに影響を及ぼす**　若い企業をより成熟した企業と比較する場合、企業間でリスクやキャッシュフローや成長率に大きな違いがある可能性が高い。
- **●存続**　若い企業は破綻確率が高いということが関係する。そのため、その他すべての条件（成長率やリスク）を一定としたら、成

熟し、破綻確率が低い企業には、収益や利益や簿価などの変数に対してより高い市場価値が付くはずである。
- **変数との比率** 若い企業はその年の収益がほとんどないことが多く、また多くの企業が赤字になる。つまり、たいていの場合、簿価には意味がない。そのような指標の１つにマルチプルを当てはめると異常な数値になってしまう。
- **流動性** 上場企業の株式は、若いグロース企業の株式よりも流動性が高いことが多いので、それらのマルチプルを若い企業に当てはめると、算出された価値が高くなりすぎることがある。

価格付けでひどい間違いを回避するだけでなく、より良い価格付けを可能にするシンプルな実践方法がある。

- **予想値を用いる** 若い企業は収益が少なく、利益がマイナスであることが多いので、将来の業績を予想し、それら予想収益や利益をバリュエーションの基礎として用いることが１つの解決策になる。実際に、われわれは５年後の事業の価値を推定するにあたり、その時点の収益や利益の値を用いている。
- **将来時点の企業の特徴に応じてマルチプルを調整する** シンプルな例について考えてみてほしい。向こう５年間に収益が50％成長し、その後は10％増えると期待される企業を評価するとしよう。５年目の収益や利益に適用するマルチプルは50％の予想成長率ではなく、10％の予想成長率を反映したものになるはずである。
- **時間価値と存続リスクで調整する** 予想マルチプルを用いて価値を算出する場合、予想価値を算出するためにはお金の時間価値と、企業が存続しない確率に応じた調整をする必要がある。

これらの原則をエアビーアンドビーの価格付けに適用するにあたり、**図6.2**にあるように、われわれはホテルとオンライン予約サービスの２業種を類似企業とし、収益と総予約高の２つの指標との比率を用いた。

　エアビーアンドビーに付けた価格は、ホテルではなく予約サービス業を類似企業とし、現在の収益ではなく、予想収益を用い、そして、価値を割り引き、破綻で調整した場合のほうが高くなっていることに注意してほしい。このような変更が煩わしく感じるとしても、それらは価格付けのプロセスの本質的な部分である。価格付けを用いるアナリストは自分たちのバイアスや意図に最もふさわしい価格付けを取り上げることが多い。だが、どのようなエンタープライズバリュー（EV）を用いようとも、自己資本の価値を算出するためには現金残高（44億9500万ドル）と新株による調達額（30億ドル）を足し、負債（21億9200万ドル）を引かなければならない。

何か見落としていないか

　割引キャッシュフローでも相対バリュエーションでも、成功した場合の収益や利益の予想を織り込んでいる。１つの事業や市場での成功がほかの事業や市場での成功の足掛かりになることがある。

- 既存製品の成功が、企業が新たな製品を投入する道を開くことがある。iPodの成功はアップルがiPhoneやiPadを投入する礎となった。
- １つの市場である製品で成功した企業は他市場にも手を拡げ、同じように成功できるかもしれない。この最も分かりやすい例が国

第6章 前途有望―若いグロース企業を評価する

図6.2 2020年11月のエアビーアンドビーの価格付け

類似企業

アメリカを拠点とする大手ホテルチェーン

	時価総額	EV	収益	EBIT	純利益	PER	EV/売上高倍率	EV/EBIT倍率
マリオット	$41,620	$52,150	$20,972	$1,938	$1,273	32.69	2.49	26.91
ヒルトン	$28,960	$37,530	$9,452	$1,576	$881	32.87	3.97	23.81
インターコンチネンタル	$11,642	$13,430	$4,627	$764	$385	30.24	2.90	17.58
ハイアット	$7,439	$9,010	$5,020	$197	$766	9.71	1.79	45.74
チョイスホテルズ	$5,682	$6,600	$1,114	$334	$222	25.59	5.92	19.76
ウィンダム	$5,402	$7,500	$2,053	$442	$157	34.41	3.65	16.97
総計	$100,745	$126,220	$43,238	$5,251	$3,684	27.35	2.92	24.04

アメリカを拠点とする大手旅行予約サービス企業

	時価総額	EV	収益	総予約高	EBIT	純利益	PER	EV/総予約倍率	EV/売上高倍率	EV/EBIT倍率
ブッキングドットコム	$84,067	$85,530	$96,400		$15,066	$4,865	17.28	0.89	5.68	16.00
エクスペディア	$17,503	$22,480	$107,870		$12,067	$565	30.98	0.21	1.86	23.39
総計	$101,570	$108,010	$204,270		$27,133	$6,306	18.71	0.53	3.98	17.13

2020年11月のエアビーアンドビーの価格付け

ホテルを類似企業とし、収益との比率を求める

	収益	予想EV/売上高	EV推定値	今日の価値
本年	$3,625.00	2.92	$10,585	$10,585
5年目	$12,066.00	2.92	$35,233	$21,088

予約サービス企業を類似企業とし、収益との比率を求める

	収益	予想EV/売上高	EV推定値	今日の価値
本年	$3,625.00	3.98	$14,428	$14,428
5年目	$12,066.00	3.98	$48,023	$28,744

予約サービス企業を類似企業とし、総予約高との比率を求める

	総予約約	予想EV/総予約高	EV推定値	今日の価値
本年	$26,491.00	0.53	$14,040	$14,040
5年目	$90,548.00	0.53	$47,990	$28,724

> 5年目の予想価値は8.5%で5年分割り引き、破綻で調整している。例えば、ホテルを用いた例では今日の価値＝(35,233÷1.085⁵)×0.9=21,088ドル

135

内市場での成功を足場に外国市場に手を広げることである。これはコカ・コーラやマクドナルドや多くの小売業が取った道筋である。分かりにくい例は、ある市場に向けられた製品が思いがけず新たな市場を見つける場合だ。コレステロールを減らす潰瘍薬が好例である。

新製品や新たな市場に関する予想をキャッシュフローや価値に盛り込めないのだろうか。やってみることはできるが、問題が2つある。1つ目は、これら潜在的な製品や市場の拡張に関する予想は、当初バリュエーションを行う時点ではかなりあいまいなものであり、この不確実性はキャッシュフローに反映される。アップルはiPodを販売していた時点ではiPhoneの潜在的市場を視覚化することはできなかっただろう。2つ目は、当初の製品を販売して得られる情報や教訓やその後の展開こそが、次に提供する製品やサービスに大いに生きる。この教訓や対応行動こそが推定した本源的価値を増大させる価値を生み出す。

エアビーアンドビーの場合、同社のユーザー数で見たプラットフォームの規模だけでなく、同社がユーザーの旅行やホスピタリティーの好みを学び、それを用いて将来新たな製品やサービスを生み出すことができるという意味で、同社の価値が増大すると主張することはできる。問題は、そのデータはエアビーアンドビーに大きな優位性をもたらせるほど独占的なものなのかどうかである。

バリュープレー

　若いグロース企業が破綻する理由は数多くある。収益の成長が遅れるかもしれない。目標とした利益率を達成できないかもしれない。資本市場が閉鎖されるとか、主要人物が退社するかもしれない。投資家は次のことに目を向けることで成功する確率を高められる。

- **大きな潜在的市場**　企業の製品やサービスの潜在的市場は長期にわたって高い収益成長を吸収でき、その製品やサービスであふれかえらないほど大きなものでなければならない。
- **費用の追跡と管理**　若い企業は成長を追い求める一方で、費用の追跡と管理がないがしろになりかねない。利益率の改善に目標を設け、その目標が達成できなければ売る理由と考えるべきである。
- **資本調達**　資本調達は成長にとっても成功にとっても重要である。現金残高が多い企業や機関投資家が支えている企業を探せばよい。彼らは自分たちよりも有利な立場にあるからである。
- **主要人物への依存度**　若い企業は主要人物や創業者に依存していることが多い。主要人物を支える信頼できる社員が育っている企業に目を向けるべきである。
- **排他性**　成功は競合他社を引きつけるが、それは多額の資本を持ったより大きな企業との競争であることが多い。その排他性が特許によるものか、技術やブランド力によるものかに

かかわらず、競合他社がマネをするのが難しい製品を有している若い企業を望むだろう。おまけに、排他性があれば、成功によって企業が自立し、新たな市場に参入したり、新たな製品を投入したりすることが可能になる。

まとめると、大きな潜在的市場を持ち、容易にマネできない製品を有し、費用を管理し、資本を調達できる若い企業に投資したいのである。実行するのは容易でないが、正しく行えば、ハイリスク・ハイリターンの投資になるだろう。

第7章
成長には痛みが伴う――グロース企業を評価する
Growing Pains -- Valuing Growth Companies

　2001年、グーグル（GOOG）は数百万ドルの収益を上げながらも営業損失を出していた創業間もないスタートアップ企業だった。その後10年にわたって、爆発的な成長を示し、2009年には237億ドルの収益に対して65億ドルの営業利益を計上し、時価総額も2000億ドルを超えた。グーグルはグロース企業のままだったが、かなり大きなグロース企業だった。2022年、グーグルの営業利益は2830億ドルの収益に対して748億ドルまで増大していたが、その年の成長率は鈍化した。2023年、同社を評価するにあたり、将来も成長を維持できるのかどうか、リスク特性はどのように変化し、将来も変化し続けるのかという2つの大きな問題があった。

　ところで、グロース企業とはどのようなものだろうか。実際に用いられるグロース企業の定義は多く、それらはみな主観的で、欠点がある。例えば、活動しているセクターに基づいてグロース企業か成熟した企業かに分類するアナリストもいる。そのため、アメリカのハイテク企業はグロース企業として扱われ、製鉄会社は成熟した企業と考えられる。この定義は、特定のセクター内の企業でも成長見通しには大きな違いがあることを明らかに見落としている。PER

（株価収益率）が高い企業をグロース企業に分類する者もいる。これは、市場がそれを見分けられると信頼しているのである。別の定義もある。グロース企業とは、将来その企業が行うことが期待される投資がもたらす価値が大きく、すでに行った投資がもたらす価値が小さい企業である。これは前に説明したグロース企業の分類を改めて記したように思われるかもしれないが、そこでは成長率が高い企業をグロース企業としているので、重要な違いがある。成長のための資産の価値は、どれだけの成長が期待できるかだけでなく、超過リターンで見たその成長の質にも影響される。つまり、資本コストと比較したROIC（投下資本利益率）である。

　グロース企業は規模も成長見通しもさまざまだが、いくつか共通の特徴がある。

- **絶えず変化する財政状態**　直近年度の利益や簿価が前年度の数値と大きく異なるだけでなく、もっと短期間に劇的に変わることがある。
- **市場と会計の断絶**　上場しているグロース企業の市場価値は簿価よりもはるかに高いことが多い。これは、市場は成長の価値を織り込む一方で、会計士は織り込まないことが理由である。さらに、市場価値は収益や利益など企業の業績とは調和しないように思えることがある。グロース企業の多くに何十億ドルもの市場価値が付いているが、収益はほんのわずかで、損失を出している。
- **負債の利用**　あらゆる業界のグロース企業は、同業のより安定した企業よりも、価値（本源的価値や市場価値）に対する負債の比率が低い。これは単純に、既存の資産から多額の負債を抱えるだけのキャッシュフローを得られないからである。

●**市場における履歴は短く、安定しない**　グロース企業が上場しているとしても、概して株価のデータは短期間のものしかなく、そのデータも安定しない。

　これらの要素がグロース企業にどの程度の影響を及ぼすかは企業によってさまざまだが、ほとんどすべてのグロース企業に広く見られる特徴である。どのような業界でもグロース企業が登場する可能性はあり、過去数十年に最も早く成長した企業の多くはハイテク企業とサービス業であったことは確かだ。それらの企業は一様ではないが、共通した特徴が1つある。それは、無形資産から価値を生み出しているということである。バリュエーションの観点からすると、予想キャッシュフローから価値は算出されるので、資産が無形であろうが有形であろうが問題とはならない。だが、無形資産の会計処理が物理的な資産の処理方法と同じではないことが問題になる。会計の第1原則が示すシンプルなルールとして、資本支出と営業費用は区別される。何年にもわたって効果をもたらす費用は資本支出であり、その年に1回限りの効果しか生まない費用は営業費用である。製造業の場合、会計士たちはこの区別を守り、有形固定資産への投資は資本支出とし、人件費や原材料費は営業費用とする。しかし、無形資産を抱える企業になると、このような第1原則を無視しているようだ。ハイテク企業や製薬会社が行う最も大きな資本支出は、R&Dである。消費財メーカーであればブランド名の広告、コンサルティング会社では社員の研修や採用にかかる費用が最も多い。会計士たちはその効果があまりに不確実であるという主張の下、それらの費用を営業費用とみなしてきた。結果として、無形資産を抱える企業は、規模や成長可能性に比べて資本支出が少ない。

バリュエーションの問題点

　グロース企業に共通の特徴、つまり、①絶えず変化する財政状態、②資金源が公募と私募の混在、③市場価値と業績の断絶、④株式による資金調達への依存、⑤短く、安定しない市場での履歴——は本源的バリュエーションにも相対バリュエーションにも影響を及ぼす。

　企業の本源的価値はキャッシュフローとリスク特性から算出されるとしたら、グロース企業がライフサイクルのどこに位置するのかを把握することが重要になる。グロース企業を評価するときに直面する最大の問題は規模の変化から生じる。最も成功しているグロース企業でさえ、2つの理由から将来の成長は過去の成長よりも小さなものになると予想できる。1つは、過去5年間に80％の成長率を示した企業は5年前の18倍の大きさになっており、その成長率を維持できる可能性は低い。もう1つは、成長が競争を引きつけ、それが成長を阻害する。将来成長率はどのくらい早く低下するか、そして成長率が変化するにつれて企業のリスクやその他の特性がどのように変化するかという問題が、グロース企業のバリュエーションの焦点になる。

　当然ながら、割引キャッシュフローによるバリュエーションを難しくしている問題が、それら企業の価格付けを試みるときにも持ち上がる。

●**類似企業**　セクター内のすべての企業がグロース企業である場合でさえ、リスクや成長特性という点では大きく異なるので、業界平均を用いて一般化するのは難しい。
●**基準年の数値とマルチプルの選択**　グロース企業の場合、利益や

簿価や収益といったマルチプルの尺度になる変数の現在の値は、その企業の将来の可能性を知る手がかりとしては不十分か、信頼できない数値である。

- **成長率の違いを調整する** 成長率の水準だけでなく、成長期間の長さやその成長率に伴う超過リターンも価値に差を生む。違う言い方をするならば、2つの企業の利益の期待成長率が同じでも、市場はその利益に対してまったく異なるマルチプルを付ける可能性がある。
- **リスクの違いを調整する** 成長とリスクのトレードオフが価値にどのような影響をもたらすかを判断するのは、どのようなバリュエーションでも難しく、相対バリュエーションでは二重に難しくなる。多くの企業で成長率が高く、リスクも高いからである。

マルチプルを用いてグロース企業を評価するアナリストは、あいまいな仮定をすることが多いので、自分たちのバリュエーションに誤った安心感を抱くかもしれない。だが、相対バリュエーションによる評価も、割引キャッシュフローによるバリュエーションと同じくらい誤りが生じやすいのが現実である。

バリュエーションの解決策

グロース企業は価値を推定するうえで厄介な問題を提起する。だが、われわれはこれらの問題を克服し、そのような企業について矛盾を引き起こすことなく価値を算出することができる。

本源的バリュエーション

　割引キャッシュフローモデルを用いてグロース企業を評価するためには、時間の経過とともに成長率と利益率を変える必要がある。企業の現在の特性に固定される融通の利かないモデルでは、アナリストがグロース企業を評価するときに入力値を変えられる柔軟性のあるモデルほどうまくいかない。このプロセスを説明するために、グーグルの評価を行う。同社は広告業界の巨人となった検索エンジンで、過去10年にわたって収益を増大させ、巨額の利益を叩き出している。2012～2022年までに、同社の収益は460億ドルから2895億ドルまで増大した。年複利の成長率にすると20.2％になる。この間、グーグルはアルファベットと社名を変更した。これは同社が他事業に参入する（ベットする）というメッセージを市場に伝えようとしたものである。だが、それらの事業は同社の収益にも利益にもほとんど貢献していない。

会計上の矛盾を解消する

　研究費用は、将来の効果が不確実だとしても資産計上すべきである。そうすることの影響をグーグルで説明する。研究費を資産計上し、評価するためには、研究開発が商品になるまでに平均でどのくらいの期間がかかるかを仮定しなければならない。これはそれら資産の償却期間と呼ばれる。この年数は企業によってさまざまであり、研究の結果生まれた製品の商品としての寿命を反映したものになる。この償却期間は製薬会社では10年もの長さになることがあるが、グーグルのような企業では研究の成果はもっと早く現れる可能性が高く、われわれは３年と仮定する。

表7.1　R&Dの償却——2023年のグーグル（単位＝100万ドル）

年	R&D費用	償却列の割合と金額		その年の償却費
直近年度	42,596	1.00	42,596	
1年前	39,500	0.67	26,333	13,167
2年前	31,562	0.33	10,521	10,521
3年前	27,573	0.00	0	9,191
			79,450	32,878

　研究開発費の償却期間を推定したら、次の段階は研究費の償却期間分の過去にさかのぼってR&D費用のデータを集める。グーグルの場合、この計算で**表7.1**にある数値が得られる。

　簡単にするために、減価償却は定率法と仮定する。償却期間が3年である研究費の場合、それぞれの年に償却対象金額の3分の1を費用計上すると仮定すると、償却額の合計は328億7800万ドルになる。前年までの費用のうち償却残と直近の費用を合計すると、研究費に投じられた資金の794億5000万ドルが得られる。これは企業の資産の価値、そして自己資本の簿価（BV）を増大させる。グーグルの場合、次のようになる。

自己資本の調整後簿価＝自己資本の簿価＋R&Dへの資本支出
＝2561億4400万ドル＋794億5000万ドル
＝3355億9400万ドル

調整後投下資本＝投下資本の簿価＋R&Dへの資本支出
＝2365億3300万ドル＋794億5000万ドル
＝3159億8300万ドル

　会計上の報告利益は資産計上したR&D費用を反映して調整する。まず、営業利益を算出するために引いたR&D費用を営業利益に足す。これはR&D費用を資本支出に再分類したことを反映している。次に、研究費の償却を一般の減価償却と同様に扱い、引くことで調整後の営業利益や調整後純利益を算出する。グーグルを例にこのプロセスを説明すると次のようになる。

調整後営業利益＝営業利益＋R&D費用－R&D費用の償却費
＝748億4200万ドル＋425億9600万ドル－328億7800万ドル
＝845億6000万ドル

調整後純利益＝純利益＋R&D費用－R&D費用の償却費
＝599億7200万ドル＋425億9600万ドル－328億7800万ドル
＝696億9000万ドル

　概してR&D費用が長期的に増大している企業では、調整後営業利益と調整後純利益は増加する。
　自己資本と資本の簿価は研究費に投じた資金の分だけ増大する。グーグルでこれらの増大した簿価と調整後利益を用いると、**表7.2**に示すとおり収益性の指標はまったく異なるものになる。
　グーグルの会計上のリターンは調整後でさえ見事なままだ。一方で、調整後の数字を用いるとリターンは減少するが、同社の利益率

表7.2 研究費を資産計上する影響——アルファベット

	調整無し	R&D費用で調整
純利益率	59,972÷282,836=21.20%	69,690÷282,836=24.64%
営業利益率	74,842÷282,836=26.46%	84,560÷282,836=29.90%
ROE	59,972÷256,144=23.41%	69,690÷335,594=20.77%
税引き前ROC	74,842÷236,533=31.64%	84,560÷315,983=26.76%

は改善している。

　R&D費用は営業費用として処理されている資本支出の最も顕著な例だが、おそらくは資本支出として扱うべき営業費用はほかにもある。プロクター・アンド・ギャンブル（PG）やコカ・コーラ（KO）などの消費財メーカーは、広告費はブランド名の価値を増大させるためのものなので、その一部を資本支出として処理すべきだと主張できるだろう。KPMGやマッキンゼーのようなコンサルティング会社なら、社員の採用や研修にかかる費用は資本支出と考えられる。なぜなら、その結果、頭角を現す社員たちは同社の資産の中核となり、何年にもわたって利益をもたらす可能性が高いからである。ウーバーやネットフリックスのような利用者に左右される企業では、新たな利用者や加入者を獲得するための費用も資本支出と考えるべきだ。

営業資産を評価する

バリュエーションのプロセスは将来の収益を推定することから始まる。最大の問題は規模の要素である。企業が大きくなるにつれて、収益の成長率がどのくらい早く低下するかという問題は、概して企業の特性に目を向けることで対処できる。つまり、その製品やサービスの市場全体の規模や競合他社の強さ、製品と経営陣の質などである。潜在的市場が大きく、競合他社がそれほど攻撃的ではなく、優れた経営陣のいる企業は長期にわたって高い収益成長率を維持できる。アルファベットは高い成長率を見事に維持しているが、オンライン広告の事業は成熟してきているので、アルファベットの大きな市場シェアを考えると、将来の成長率がかなり低くなることを予想できる。われわれは向こう5年間については1桁の成長率を仮定するが、1桁の後半の8％でも高いものとした。その後の数年で収益成長は安定的な成長率まで低下する。この成長の一部はクラウド事業が寄与している。このストーリーでは、アルファベットのほかの事業は引き続き停滞し、収益にも利益にもほとんど貢献しないことを前提としている。

価値の要素　その1──拡張性のある成長

成長が早ければ早いほど、規模が大きくなる。規模が大きくなればなるほど、成長を維持するのが難しくなる。評価している企業は成長率をうまく高められているだろうか。

収益から営業利益を算出するためには、長期的な営業利益率が必要となり、将来の営業利益率は現在の利益率とは異なるものになる。

グロース企業のなかには、現在の営業利益率がマイナスや非常に低い企業もある。これは主に、前もってインフラに投じた固定費や新規顧客獲得のため、そして将来の成長のための営業費用がその年の費用に計上されることが理由である。企業が成長するにつれて、利益率は改善するはずである。反対に、非常に高い利益率を享受するグロース企業もある。それは彼らが極めて小さな市場でニッチな製品を販売しているので、より大きく、資本力のある競合他社を引きつけないからだ。企業が成長するにつれて、これが変わる可能性があり、利益率は競合が登場すれば低下しかねない。

　低い利益率が上昇に転じるか、高い利益率がより持続可能な水準まで低下するかのどちらのシナリオでも、目標とする利益率はどのくらいか、そしてその目標に向かって現在の利益率が時間の経過とともにどのように変化するかを判断しなければならない。最初の疑問に対する答えは、その業界のより大きく安定した企業の営業利益率の平均に目を向けることで見つかることが多い。2つ目の疑問に対する答えは現在の利益率と目標とした利益率の乖離の原因に依存する。例えば、インフラ企業では、投資したインフラが運用可能となり、処理能力が十分に利用されるようになるまでどのくらいの時間がかかるかに影響される。

　この点では、アルファベットは強力なネットワーク効果を有する自らのコア事業で優位な立場にある。つまり、オンラインの広告主たちは今後も最も多くのユーザーを抱えるプラットフォームに向かうと思われるので、営業利益率は安定するだろうし、同社が費用を抑えれば上昇すらするだろう。特になかなか結果が表れない他事業では顕著だろう。われわれは、現在の30％という営業利益率が長期的に少しばかり上昇すると仮定する。とりわけ、同社が費用を抑え

れば、5年後には32％に達するだろう。

> ### 価値の要素　その2――持続可能な利益率
>
> 成功は競合他社を引きつけるが、競争は利益率を損ないかねない。評価している企業の競争優位はどのくらい強力だろうか。

　企業は成長するために再投資しなければならないというテーマを踏まえて、再投資額を推定する3つの道筋のうちの1つを進むことにする。最初の最も一般的な方法論は、企業のヒストリカルデータや業界の平均値から推定した収益や資本回転率の変化を用いて再投資額を推定することである。そのため、資本回転率を2.5と仮定し、収益が2億5000万ドル増大すると、再投資額は1億ドルになる。利益や再投資の確たる実績があるグロース企業ならば、再投資率とそれら投資額のROC（資本利益率）を掛けることで成長率を推定できる。最後に、すでに将来のために生産能力に投資しているグロース企業は、短期的には再投資をしなくても成長できるという特殊な立場にある。そのような企業については、生産能力の利用度を用いることで、どのくらいの期間投資を行わずに済むのか、そして再び再投資が必要になるのはいつかを予測することができる。アルファベットでは、最初の方法論を用いる。毎年再投資額を推定するために資本回転率の世界的な業界平均である3.09を用いている。これは資本集約度が低い事業であることが影響している。以上の結果得られた企業に帰属するフリーキャッシュフローを**表7.3**にまとめた。

　1年目の再投資額を算出するために、1年目と2年目の収益の変化（3299億ドル－3054.63億ドル＝244.37億ドル）を用いて、その金

第7章 成長には痛みが伴う——グロース企業を評価する

表7.3 アルファベットの企業に帰属する予想フリーキャッシュフロー（単位＝100万ドル）

年	成長率	収益	営業利益率	EBIT	税率	EBIT×(1-t)	再投資額	FCFF
直近年度		282,836	29.90%	84,560				
1	8.00%	305,463	30.00%	91,639	15.92%	77,049	7,908	69,141
2	8.00%	329,900	30.80%	101,609	15.92%	85,432	8,541	76,891
3	8.00%	356,292	31.20%	111,163	15.92%	93,465	9,224	84,241
4	8.00%	384,795	31.60%	121,595	15.92%	102,236	9,962	92,274
5	8.00%	415,579	32.00%	132,985	15.92%	111,813	9,683	102,130
6	7.20%	445,501	32.00%	142,560	17.74%	117,275	9,227	108,048
7	6.40%	474,013	32.00%	151,684	19.55%	122,026	8,591	113,436
8	5.60%	500,557	32.00%	160,178	21.37%	125,951	7,776	118,175
9	4.80%	524,584	32.00%	167,867	23.18%	128,948	6,791	122,158
10	4.00%	545,567	32.00%	174,582	25.00%	130,936	7,062	123,874
最終年度	4.00%	567,390	32.00%	181,565	25.00%	136,174	36,313	99,861

額を資本回転率の3.09で割ると、再投資額の79億0800万ドルが得られる。

> ### 価値の要素　その3――質の高い成長
>
> 　成長に価値があるのは、超過リターンを伴う場合だけである。評価している企業は資本の調達コストをはるかに上回るリターンを生み出しているだろうか。

リスク特性は成長率や経営実績と整合する

　資本コストを構成する要素はグロース企業でも成熟した企業でも同じだが、グロース企業の異なるところは長期的にリスク特性が変化することだ。一般的には以下のとおりである。

●グロース企業は、収益成長が最も高いときに自己資本のコストや負債のコストが高くなり、収益成長が落ち着き、利益率が改善するに従って、自己資本や負債のコストが低減するはずである。
●利益が増大し、成長率が低下するにつれて、企業は必要以上のキャッシュフローを生み出すようになる。これは配当の支払いだけでなく、負債の返済にも充当できる。企業はこの借り入れ余力を必ずしも利用する必要はない。だが、借り入れには節税効果があるので、資金を借り入れ、その結果負債比率が長期的に上昇する企業もある。

　リスクパラメーター（ベータ）の推定に関しては、グロース企業の少ない価格データをできるかぎり用いないようにすべきである。

なぜなら、推定の誤りが大きくなる可能性があり、企業の特徴も長期的に変化するからだ。むしろ、評価している企業と同じリスクや成長率やキャッシュフローの特徴を持つほかの上場企業に目を向けることで得られるベータの推定値を用いるべきである。アルファベットの場合、高成長期のベータは収益をもたらしている事業（オンライン広告とクラウド）を反映して1.16にし、株式のリスクプレミアムはその収益を得ている地域を反映して6.31％にした。債券格付けがAa2なので、アルファベットの負債のコストは低く（4.80％）、負債が総資本に占める割合は1％を下回る。

アルファベットの自己資本のコスト＝4％＋1.16×6.31％＝11.33％
アルファベットの（税引き後）負債のコスト＝（4％＋0.8％）×（1－0.25）＝3.60％
アルファベットの資本コスト＝11.33％×（0.992）＋3.60％×（0.008）＝11.27％

われわれは、長期的にはアルファベットのコストはすべての企業の平均資本コストである9％まで低下すると予想している。

価値の要素　その4——事業に伴うリスク

企業の価値はそのキャッシュフローのリスクに影響される。評価している企業にはどのくらいリスクがあるだろうか。そして、その資本コストはどうなるだろうか。

企業はいつ、どのようになるか

　グロース企業ではターミナルバリュー（TV）に関する前提が大きな問題になる。グロース企業では、成熟した企業よりも、ターミナルバリューが現在の企業の価値に占める割合が非常に大きくなるからである。グロース企業がいつ安定した企業になるかを評価するのは難しく、次の一般的な命題を覚えておくとよい。

- 企業が安定成長を示すようになるまであまり長く待ってはならない。最も有望なグロース企業でも、規模の拡大と競争によって成長率はあっという間に低下してしまう。アルファベットの場合、成長期を10年と仮定した。これは同社の成長見通しと競争優位を楽観していることを反映している。10年目以降は、成長率は4％になると仮定している。
- 評価している企業が安定成長期に入ったら、安定したグロース企業の特徴を持たせるべきである。つまり、割引率については前の節でのとおり、負債と自己資本のコストを引き下げ、負債比率を高める。再投資については、安定成長期のROCが重要な仮定になる。

安定成長期の再投資率＝安定成長率÷安定期のROC

　安定成長期のROCは資本コストと等しくするべきだと考えるアナリストもいる。われわれは企業特有の柔軟性を失わないようにし、ROCと資本コストの差は、安定成長期に持続可能な水準まで狭まるはずだと考える。アルファベットの広告業のネットワーク効果は、同社に長期的な優位性をもたらすと仮定して、10年目以降のROIC

第7章　成長には痛みが伴う──グロース企業を評価する

は15％で永続するとした。結果として、再投資率とターミナルバリューは次のようになる。

再投資率＝4.00％÷15.00％＝26.67％
TV＝（最終年のEBIT（1－t）×（1－安定期の再投資率））÷（資本コスト－安定成長率）
＝1361億7400万ドル×（1－0.2667）÷（0.09－0.04）
＝1兆9972億1300万ドル

　向こう10年間のキャッシュフロー（**表7.3**）を時間の経過とともに変化する資本コストで割り、ターミナルバリューの現在価値を足すと、**表7.4**のようにアルファベットの営業資産の価値は1兆2930億ドルになる。

営業資産の価値から1株当たりの自己資本の価値を算出する
　若いグロース企業の場合と同じように、営業資産の価値から1株当たりの自己資本の価値を算出するためには、企業の現金残高を足し、負債残高を引き、経営陣のストックオプションの価額を引いたあとで、発行済み株式数で割る。アルファベットの場合、1137億6200万ドルの現金残高と304億9200万ドルの営業外資産を持ち、147億0100万ドルの負債を抱えているので、自己資本の価値は1兆4221億3000万ドルになる。同社はストックオプションを付与していないが、従業員に付与された制限株を発行済み株式数（126.1億株）に含めると、1株当たりの価値は112.79ドルになる。

1株当たりの価値＝（12935.77億ドル＋1137.62億ドル＋304.92億ド

155

表7.4 アルファベットの営業資産の価値

年	資本コスト	累積の資本コスト	FCFF （100万ドル）	TV （100万ドル）	現在価値 （100万ドル）
1	11.27%	1.1127	69,141		62,138
2	11.27%	1.2381	76,891		62,104
3	11.27%	1.3776	84,241		61,149
4	11.27%	1.5329	92,274		60,196
5	11.27%	1.7057	102,130		59,877
6	10.72%	1.8885	108,048		57,213
7	10.36%	2.0841	113,436		54,428
8	9.91%	2.2907	118,175		51,589
9	9.45%	2.5072	122,158		48,724
10	9.00%	2.7328	123,874	1,997,213	776,159
					1,293,577

ル－147.01億ドル）÷126.1億株

＝112.79ドル

　これは、すべての株式は配当と議決権について同等であると仮定して推定している。創業者が支配的な立場にあり続けるグロース企業もある。彼らは不釣り合いな議決権を有する株式を保有することで支配的な立場を維持しているのである。その場合、議決権を有する株式は議決権のない株式に対してプレミアムが付くという事実をもって調整しなければならない。複数の研究によると、アメリカの企業ではそのプレミアムは5〜10％ほどだった。アルファベットは3種類の株式を発行している。1株につき1つの議決権があるクラ

スＡ株、議決権が10個のクラスＢ株、そして議決権のないクラスＣ株である。最も広く取引されているのがクラスＣ株なので、それらの株式は推定価値の112.79ドルよりも割り引かれて取引される。このバリュエーションを行った時点（2023年8月8日）の市場価格は131ドルで、株式は割高である。

相対バリュエーション（価格付け）

　グロース企業を評価するアナリストは収益のマルチプルか予想利益のマルチプルを用いる傾向にある。どちらの方法にも危険が伴う。収益のマルチプルは、単純に評価している企業が多額の損を出している可能性があるという事実を覆い隠してしまうので厄介である。結果として、合理的な収益のマルチプルについて議論するには将来の予想利益率を考慮に入れることを提案する。予想利益のマルチプルは、評価している企業が将来も存続すること、そしてその年の利益の推定値が合理的であることを暗に前提としている。

　グロース企業の場合、類似企業や適切なマルチプルをどれほど注意深く選択しようとも、期待成長率の水準と質については企業間で大きな差異が生まれる。その差異に対応するためには第4章で説明した3つの方法が利用できる。

1. **ストーリー**　グロース企業の価格付けを比較する場合、アナリストはある企業のマルチプルが類似企業よりも高いことを潜在的な成長率の高さで説明することが多い。例えば、2023年、アルファベットのPERはオンライン広告セクターの中央値に当たる27.74だった。アナリストたちは、同社のEPS（1株当た

り利益)の成長率を17.30%と予想していた。これは同業他社の中央値である15.80%よりも少し高い。アルファベットの株価は公正価格に近いか、少し割安だった。

2. **調整後マルチプル**　PEGレシオでは、PERを将来の予想成長率で割ることで、成長率で調整したPERを推定する。実際に、PEGレシオの低い企業はPEGレシオの高い企業よりも株価が割安である。アルファベットのPEGレシオは1.6（27.74÷17.30）ほどで、業界の中央値に当たり、ここでも公正な価格が付けられていることが示唆される。

3. **統計的手法**　期待成長率だけでなくその成長率の質とリスクも企業ごとに違う場合、最初の2つの方法論を当てはめるのが難しくなる。マルチプルを従属変数とし、リスクと成長率を独立変数としてマルチプルの回帰分析を行うことで、企業間でのこれらの違いに対応できる。ハイテクセクターの企業のPERを期待成長率とベータで回帰すると、次の結果が得られる。

PER = 24.76 + 85.04 × 期待成長率、 R^2 = 19.3%

この回帰式にアルファベットの成長率（17.3%）を当てはめると次のようになる。

アルファベットのPER = 24.76 + 85.04 × 0.173 = 39.47

現在のPERは27.74倍なので、アルファベットは割安のようだ。これは同社が割高だとした本源的バリュエーションとは相いれない。投資家にはいずれの結論からも学ぶべきことがある。長期的な投資

家は本源的バリュエーションから安心感を得られるが、価格付けからすると、短期的な乱気流に備えるべきである。

バリュープレー

　グロース企業が成功するためには、利益率を維持しながら成長率を高めなければならない。すべてのグロース企業で、収益の期待成長率は低下する傾向にあるが、低下のペースは企業によってさまざまである。グロース企業への投資で利益を上げるためには、次に挙げるいくつかの要素を持つ企業を探すのがよいだろう。

- **拡張可能な成長**　企業が大きくなるにつれて、成長率は低下する。成長するに従って提供する製品を多様化し、より広範な顧客のニーズに応えられる企業に焦点を当てるべきである。そのような企業は規模が拡大しても、その能力のない企業より大きな成長を遂げるだろう。
- **持続可能な利益率**　企業が成功すると、競争が激しくなる。成長しても利益率とリターンを維持できる企業を探し、利益率やリターンの低下と成長率の上昇がトレードオフの関係になる企業は避けるべきである。
- **適切な価格**　優れたグロース企業も間違った価格で投資すれば、ひどい投資対象となりかねない。PEGレシオのようなマルチプルには限界があるが、低いPEGレシオを用いて割安な企業をスクリーニングすべきである。

> 　時間は味方になる。最も価値の高いグロース企業でも、高い期待を満たす利益が上げられず、投資家を落胆させることがある。そうなった場合、過剰反応をして株式を売却し、次なる優れたグロース企業を探し出す投資家もいる。株価の下落は、適切な価格で企業に投資するチャンスをもたらすことにもなる。

第8章
バリュエーションのバイアグラ——成熟した企業を評価する
Valuation Viagra -- Valuing Mature Companies

　コカ・コーラ（KO）、ユニリーバ（UL）、ゼネラル・エレクトリック（GE）などの成熟した企業には何世代にもわたる歴史がある。それらは長期にわたる業績や市場での履歴や投資・資金調達の確立したパターンがあるので、評価するのは容易なはずである。だが、長年の慣行のすべてがうまくいくわけではなく、それらの企業の経営方針の変化が価値に違いをもたらす可能性もある。コカ・コーラは負債による資金調達を増やせば、価値が高まるかもしれない。またユニリーバの価値は、事業部門のいくつかを独立企業としてスピンオフさせれば高まるかもしれない。

　グロース企業では、成長のための投資が価値の大部分を生み出しているのなら、成熟した企業は既存の投資が価値の大部分を生み出しているに違いない。したがって、成熟した企業を定義するとしても、ある企業を成熟した企業とみなす閾値は市場や時期によって変わる（2008年や2009年のように経済が低迷しているときは閾値が高くなり、好景気の時期には低くなる）。

　成熟した企業に共通する特徴は次のようなものである。

●**収益の成長率が経済の成長率に近づいている**　成熟した企業の利益の成長率が高いこともあるが、少なくとも何年か経過すると、成熟した企業の収益の成長率は経済の名目成長率に一致はしなくても、収束していく。

●**利益率が安定している**　マクロ経済の変数によって利益率が変わるコモディティ企業やシクリカルな企業を除き、成熟した企業の利益率は安定している。

●**多様な競争優位**　超過リターンがゼロやマイナスになる成熟した企業もあるが、大きな競争優位と超過リターンを維持する企業もある。例えば、コカ・コーラはそのブランド力を生かして、高いリターンをもたらし続けている。

●**借り入れ余力**　負債の返済に充てられる資金が多いので、成熟した企業の借り入れ余力は大きくなるはずである。この借り入れ余力の増大に対する反応は企業によって大きな違いがある。借り入れ余力をほとんど利用しようとしないで、グロース企業時代に定めた資金調達の方針に固執する企業もある。

●**積み上がる現金と還元**　利益が改善し、再投資の必要性が低下するにつれて、成熟した企業は事業から必要以上の現金を生み出す。そのような企業が配当を増やさないとしたら、現金残高は膨らみ始める。

●**買収主導の成長**　企業が大きくなり、社内の投資機会ではかつてのような成長が得られなくなると、そのような企業が用いる応急措置の1つが成長を買うことになる。つまり、収益や利益を後押しできるほかの企業を買収することである。

成熟した企業のすべてが大会社というわけではない。多くの小規

模企業があっという間に成長の上限に達し、本質的に小規模の成熟した企業であり続ける。

バリュエーションの問題点

　成熟した企業を評価する場合、投資家は過去の数字である営業利益率やROC（資本利益率）が、既存の資産が将来生み出す業績の合理的な推定値だという考えに陥ってしまう。しかし、過去の利益は、その企業がその時期にどのように経営されたかを反映したものである。経営陣が適切な投資を行わないか、適切な資金調達の判断を下していなかったとしたら、報告利益はより良い経営がなされていた場合よりも少なくなるかもしれない。そのような経営陣の変更が視野に入っているとしたら、投資家は過去の数字を用いて既存資産を評価すると過小評価になる。2つ目の難題は、成熟した企業は成長を求めて買収に走る可能性が高いことである。一般的に、買収主導の成長の価値は、本業の成長の価値よりも評価がはるかに難しい。

　成熟した企業の場合、価格付けについては余裕をもって取り組める。収益や利益や簿価のマルチプルを推定し、類似企業と比べてどのような価格が付けられているかを比較できるが、問題は残る。

●**選択肢が多すぎる**　①企業のマルチプルを用いるのか、②自己資本のマルチプルを用いるのか、③そのマルチプルは収益の関数なのか、④利益や簿価の関数なのか、⑤類似企業としてどの企業を選ぶのか——によって、同じ企業でも価値評価はまったく異なる。成熟した企業の場合、われわれが直面する問題は、相対価値が推

定できないことではなく、選択すべき価値が多すぎることである。
- **経営陣の変更**　収益や利益や簿価を用いて算出するマルチプルは今日経営されている企業を反映したものである。企業の経営陣が変われば、これらの数字も変わるので、ひどい経営がなされている企業を現在の数字を用いて評価すると過小評価になる。
- **買収の雑音**　買収直後の会計（のれん代の資産計上とその後の会計処理）は利益にも簿価にも影響を及ぼし、それらの数字を元に算出するマルチプルを不確実なものにしてしまう。
- **財務レバレッジの変化**　成熟した企業は、デット・エクイティー・スワップや資本の再構成などで一夜にして負債比率を大幅に変えることができる。財務レバレッジが変わると、PER（株価収益率）やPBR（株価純資産倍率）などの自己資本のマルチプルはエンタープライズバリューや企業のマルチプルよりも大きく変化する。借り入れ資金を用いた自社株買いは発行済み株式数の減少で自己資本を劇的に減少させるが、自己資本を負債と入れ替えているだけなので、エンタープライズバリューにはそれほど影響はない。同じ理由から、企業が負債比率を変えると、自己資本の利益であるEPS（1株当たり利益）や純利益も変わってしまう。

バリュエーションの解決策

　成熟した企業を評価する鍵が、経営方針の変化によって価値が増大する可能性を評価することだとしたら、そのような変化は大きく3つに分類できる。つまり、①事業の変化、②財務構造の変化、③非営業資産の変化——である。

事業のリストラクチャリング

　企業を評価する場合、その企業がどのように経営されているかという前提に基づいて利益やキャッシュフローを予測する。企業の営業資産の価値は３つの変数（①既存資産が生み出すキャッシュフロー、②期待成長率、③高成長期の長さ）に影響され、それらはすべて経営方針の変更によって変化する。

- **既存資産が生み出すキャッシュフロー**　既存の資産が非効率にしか稼働していないとしたら、費用の削減や社員の生産性の改善や資産の利用方法を変えることでキャッシュフローが増大する可能性がある。
- **期待成長率**　企業は再投資を増やす（再投資率を上げる）か、もっとうまく再投資する（ROCを上げる）ことで、長期的な成長率を高められる。また、既存資産のリターンを改善して、効率性の改善による短期的な成長を生み出すこともできる。ROCの低い成熟した企業の場合（特に、リターンが資本コストを下回っている場合）、再投資を減らし、将来の成長率の低下に甘んじるほうが価値が増大する可能性が高い。
- **高成長期の長さ**　高い成長率と超過リターンを維持できる期間が長くなればなるほど、企業の価値は高くなる。企業が価値を高める１つの方法は、既存の参入障壁を強化して、新たな競争優位を構築することである。

> ## 価値の要素　その1──事業の緩み
>
> 資産の管理運用が改善されれば大きな報いが得られる。評価している企業の事業に改善の余地はあるか。

財務のリストラクチャリング

　資金調達は2つの点で資本コストとわれわれが算出する企業の価値に影響を及ぼす。まず、事業資金を賄うために用いられる負債と自己資本の組み合わせの変化がどのように資本コストに影響を及ぼすかに目を向ける。次に、資金調達の内容（弁済順位、満期、通貨、その他の特徴など）が調達コストと価値にどのような影響を及ぼし得るかに目を向ける。

　負債と自己資本のトレードオフはシンプルである。金利費用は課税控除の対象となり、配当の還元は控除の対象とならないので、限界税率が上昇すると、自己資本に比べ負債のほうが魅力的になる。また、負債は成熟した企業の経営陣に規律をもたらす役割を果たす。つまり、経営陣は毎期金利を支払わなければならないとしたら、おかしな投資を行う可能性は低くなるだろう。反対に、負債には3つのデメリットがある。1つ目が予想倒産コストである。これは負債が増大すると、破綻確率も上がるからだ。だが、倒産コストとは何だろうか。1つは弁護士費用や裁判費用など破綻した場合に発生する直接的な費用で、これが破綻した企業の価値のかなりの部分を食いつぶしかねない。さらに壊滅的なコストが、財政的に困難に陥っていると認識されてしまうことの影響である。顧客は製品の購入を

やめるかもしれないし、納入業者は現金での支払いを求めるかもしれない。従業員たちは逃げ出し、企業を倒産に導く負の連鎖を引き起こす。2つ目はエージェンシー・コストで、これは企業の株主と資金の貸し手の利害が異なり、相反することで発生する。株主は貸し手よりもリスクの高い投資が生み出すアップサイドを求める。貸し手はこの利益相反に気づいているので、借り入れ契約書に特約を盛り込むか、より高い金利を課すことで自らを守ろうとする。このトレードオフを具体的に把握するには、負債のコストと効果を定量化してみることが必要になる。

　資本コストから考えると、最適な資金調達の組み合わせとは企業の資本コストを最小化するものである。資金調達の手段を自己資本から負債に置き換えていくと、コストの高い調達方法（自己資本）を低い調達方法（負債）に置き換えるプラスの効果が得られる。だが、その過程で財務的なリスクが高まり、負債と自己資本のどちらの調達コストも上がってしまう。資本コストから考える方法では、持続可能なキャッシュフローに基づいて最適な負債比率を算出する。企業のキャッシュフローが安定し、予測可能であればあるほど、そしてそのキャッシュフローがエンタープライズバリューに対する割合として多ければ多いほど、企業の最適な負債比率は高まる。さらに、負債の最も大きな利点は節税効果だ。税率の上昇は負債比率の上昇につながるはずである。

　このプロセスを説明するために、2023年8月のユニリーバの負債比率に応じた資本コストに目を向ける。その時点のユニリーバの負債比率は16.84％で、資本コストは9.91％だった。表8.1の資本コストを見ると、最適な負債比率は30％ほどで、2023年8月のユニリーバの資本コストは9.88％で最小になる。

167

表8.1　ユニリーバの資本コストと負債比率

負債比率	ベータ	自己資本のコスト	税引き後の負債のコスト	加重平均資本コスト
0%	0.90	10.13%	4.11%	10.13%
10%	0.98	10.64%	4.11%	9.99%
16.84%	1.05	11.06%	4.20%	9.91%
20%	1.07	11.28%	4.43%	9.91%
30%	1.19	12.10%	4.71%	9.88%
40%	1.35	13.20%	10.62%	12.17%
50%	1.63	15.08%	14.15%	14.61%
60%	2.05	17.94%	15.90%	16.72%
70%	2.74	22.59%	16.31%	18.19%
80%	4.11	31.89%	16.61%	19.67%
90%	8.21	59.77%	16.85%	21.14%

　ユニリーバのベータと自己資本のコストは負債比率が上昇するにつれて高くなる。負債比率が上昇するとデフォルトのリスクが高まり、負債の税引き後コストも上昇し、負債比率が50％を超えると節税効果は弱まる。また、現在の負債比率から最適な比率に変化させても資本コストはわずかしか低下しないことに注意してほしい。

価値の要素　その２──財務の緩み

負債と自己資本の割合や、負債の種類を変えることで価値が変わることがある。評価している企業の負債と自己資本の組み合わせは適切だろうか。

「負債とキャッシュフロー」と「資産とキャッシュフロー」にミスマッチがある（短期の借り入れを用いて長期的な資産を賄っているある通貨建ての借り入れで別の通貨建ての資産を賄っている、または変動金利の負債を用いてインフレの高進からキャッシュフローがマイナスの影響を受ける傾向にある資産を賄っている）企業は最終的にデフォルトのリスクが高まり、資本コストが上昇し、企業の価値が小さくなる。企業は目が回るほどの複雑な負債を利用し、単純に支払金利の安さに基づいてこの複雑さを正当化することが多い。企業が負債と資産のミスマッチを低減できれば、デフォルトリスクは低下し、企業の価値を高められる。

非営業資産

　企業の価値のかなりの部分が非営業資産からもたらされる。つまり、現金や売買目的有価証券や他社の株式などである。現金と売買目的有価証券は、それ自体は中立の投資であり、公正な収益率（投資のリスクと流動性を考えれば、低いが妥当な収益率）を生み出すが、多額の現金残高が価値を破壊してしまうシナリオが２つある。１つ目が、現金が市場金利以下で投資されている場合である。金利を生まない当座預金口座で20億ドルの現金残高を保有している企業は明らかに株主に損害を与えている。２つ目は、経営陣が現金を悪用することを投資家が懸念している場合である。どちらのケースでも、投資家は現金を割り引く。つまり、１ドルの現金を１ドル以下で評価するわけだ。配当や自社株買いという形で現金を株主に還元したほうが株主にとっては良い。

　さまざまな業界の多額の株式を持ち合っている企業では、それら

の保有株が市場で過小評価されていることもある。この過小評価は情報のギャップ、つまり、持ち合い株の成長率やリスクやキャッシュフローに関する重要な情報が市場に伝わっていないことが一因とされることもある。持ち合い株のポートフォリオを管理する親会社の能力を市場が疑っていることが反映されている場合もある。これをコングロマリットディスカウントとみなせばよい。このようなディスカウントがなされているならば、価値を高めるための処方箋はシンプルである。持ち合い株をスピンオフか売却し、その本来の価値を顕在化させれば、親会社の株主には利益になる。

経営陣が変われば価値は変わるのか

　経営陣と価値の相互作用を調べるためには、まず経営陣の変更が価値に与える影響を調べ、それから経営陣の変更が行われる可能性を調査する。現在の経営陣が引き続き経営すると仮定して企業の価値を推定し、それを現状の価値と呼び、最適な経営が行われると仮定して同じ企業の価値を改めて推定し、それを最適価値と呼ぶならば、経営陣が変更することの価値は次のように記すことができる。

経営陣の変更の価値＝企業の最適価値－現状の価値

　すでに最適な経営が行われている企業では経営陣の変更がもたらす価値はゼロだが、お粗末な経営がなされている企業であればその価値は大きくなる。最適ではない経営は企業ごとにさまざまな形で現れ、価値を創造するための道筋も企業によって変わる。既存資産の運用がお粗末な企業では、主にそれらの資産をより効率的に運用

することで価値は増大する。つまり、それら資産が生み出すキャッシュフローが増大し、効率の改善で成長率が高まる。投資方針はしっかりしているが、財務方針が健全ではない企業では、負債と自己資本の割合を変え、資本コストを引き下げることで価値が増大する。ユニリーバについて、2通りのバリュエーションを考えてみよう。同社の現在の経営陣は現状を維持し、過去10年にわたって成長率は低いが、利益率は安定していた。また、およそ30％という最適な負債比率よりも少ない負債（負債比率は16.84％）を抱えるという判断を下している。現状での同社を評価すると、1株当たりの価値は42.44ユーロになる。新たな経営陣は低迷しているブランドを進んで取りやめ、成長率は変わらないが利益率を20％まで向上させ、財務方針を転換する（負債比率を30％まで引き上げる）ことで、1株当たり49.05ユーロの価値を生み出す。つまり、同社の経営管理の価値は全体で1株当たり6.61ユーロになる。

価値の要素　その3──経営陣が変わる可能性

価値が変わるには、経営陣が変わらなければならない。評価している企業の経営陣が変更になる可能性はどのくらいだろうか。

経営陣が無能である場合や、株主の利害を考えていないことが衆目の一致するところである場合でさえ、現在の経営陣を残すことに強いバイアスがある。このバイアスは、買収に関する法的制限、敵対的買収を行うための資金を調達する難しさ、定款の買収防衛・支配権に関する条項、さまざまな議決権を有する株式、複雑な株式持ち合い構造に見てとれる。このような障害にもかかわらず、取締

会や株主によって社内から、または買収を通じて外部からの力で経営幹部が置き換えられる企業がある。これらの変更はアクティビスト投資家によって引き起こされることが多い。彼らは経営陣に異議を唱えることができ、場合によっては交代させることができる。そのような企業をよく観察すると、経営陣の変更は、株価や業績が振るわず、取締役会が小規模で独立しており、機関投資家の持ち分が大きく（インサイダーの持ち分が小さい）、競争の厳しいセクターで活動している企業で起こる可能性が高いことに気づくだろう。

　アクティビスト投資家たちは過去10年にわたってユニリーバをターゲットとし、費用を削減し、ブランドを減らし、買収を控えるよう圧力をかけていた。実際に、ユニリーバでは経営幹部が交代することになり、さらなる変化が現れる可能性が高い。

　経営陣の変更がけっして起こらず、市場は企業の価値を合理的に評価して価格を付ける世界に住んでいるとしてみよう。このシナリオでは、すべての企業が現在の経営陣の強みと弱みを反映した、現状の価値で取引される。では、この市場に敵対的買収またはCEO（最高経営責任者）の変更という形で経営陣が変更される可能性を持ち込んでみよう。現在の経営陣の下での企業の価値を現状の価値と定義し、新たな経営陣のもとでの価値を最適価値と定義するとしたら、すべての企業の株価は次のような加重平均になる。

市場価値＝現状の価値＋（最適価値－現状の価値）×経営陣が変更になる確率

　これが株価にどの程度の影響を与えるかは企業や市場によって大きく異なる。お粗末な経営がなされ、経営陣が入れ替わる可能性が

高く、コーポレートガバナンスが厳しい市場で活動している企業の経営管理の価値が最も大きくなる。

　予想される経営管理の価値がすでに市場価値に織り込まれているとすれば、経営陣が変更になる確率に対する市場の認識を変えるような出来事はすべての株式に大きな影響を与える。例えば、ある企業が敵対的に買収されると、投資家はそのセクターのすべての企業について経営陣が変更になる確率の評価を変え、株価を上昇させるかもしれない。コーポレートガバナンスをお粗末な経営がなされている企業の経営陣を変える力だと定義すれば、コーポレートガバナンスが効いている市場の株価はひどい経営陣が変更される確率が高く、予想される経営管理の価値も高まることを反映するだろう。対照的に、コーポレートガバナンスが弱い市場では経営陣を退陣させることは不可能ではないが、難しい。そのため、そのような市場の株価は経営管理の予想価値を低く織り込む。コーポレートガバナンスの違いは、市場で最もお粗末な経営がなされている企業に最もはっきりと現れる可能性が高い。

　前に、ユニリーバの２つの価値を推定した。つまり、現在の経営陣を前提とした１株当たり42.44ユーロ（現状の価値）と、より積極的な経営陣になった場合の49.05ユーロ（最適価値）である。ここで経営陣が変更になる確率を60％とする。その結果、価値は次のようになる。

１株当たりの予想価値 ＝ 42.44×（0.40）＋ 49.05×（0.60）
＝ １株当たり46.41ユーロ

　このバリュエーションを行った時点での実際の市場価格は１株当

たり52.26ユーロほどだった。現状の価値である1株当たり42.44ユーロよりもはるかに高い。予想価値と比較するほうが適切だろう。それでも、差異は小さくなるとはいえ、株価が割高であることは変わらないことに注意してほしい。

バリュープレー

　成熟した企業ではバリュープレーが2つある。1つ目はベンジャミン・グレアムやウォーレン・バフェットに端を発する、古典的な「パッシブバリュー」戦略である。これは、しっかりした経営がなされ、確実に利益を出し、合理的な成長を示しているにもかかわらず、直近の出来事（決算発表）に反応した企業や、人気がない、もしくは退屈だという理由から投資家が興味を失った企業に投資するものである。

　このような企業から利益を獲得する方法がもう1つある。これはもっとひねくれた戦略だが、経営はお粗末だが、優れた経営陣の下であれば価値が高まる可能性がある企業を探すことである。そのような企業を見つけるためには、次のことを考慮してほしい。

- **業績指標**　企業の経営がお粗末であればあるほど、価値が高まる可能性は高くなる。セクターに比べて営業利益率が低く、資本コストに比べてROCが低く、負債比率が極めて低い企業を探せばよい。
- **経営陣が変更になる可能性**　価値を高めるためには経営陣を

変えなければならない。経営陣に有利（議決権の違いや買収を阻止する条項）な状況にはなく、すぐには起こらないとしても少なくとも経営陣の変更が可能な状況にある企業を探せばよい。

- **早期警告システム**　すべての者が同じこと（価値と経営陣が変わる可能性）を考えているとしたら、大きな利益は得られない。経営陣が変更になるカタリストのある企業に焦点を当てるべきである。つまり、①CEOが高齢である、②新たな投資家が取締役会に加わった、③定款が変更された——などだ。
- 自らの評価が正しいとしたら、経営陣が変更されるのを待つ必要はない。多くの投資家たちが変化の起こりそうなことを認識し、その変化を反映して株価を押し上げれば、その投資は報われる。

第9章
終末の日──衰退する企業を評価する

Doomsday -- Valuing Declining Companies

　1960年代、GM（ゼネラルモーターズ）はアメリカ経済の原動力だった。2009年、GMはディストレスト企業で、破綻に直面した。通信販売を生み出したシアーズ・ローバック（SHLD）は過去数年、競合他社に顧客を奪われ続け、店舗を閉鎖してきた。企業が年を重ね、市場が縮小し、投資機会がなくなると、その企業はライフサイクルの最後の局面に突入し、衰退する。投資家やアナリストはそのような企業を避けることが多いが、強靱な胃袋を持った長期的な投資家には実り多い投資機会をもたらす可能性がある。

　グロース企業は成熟したくないと考え、成熟した企業は常に成長の源泉を再発見しようと努める。同様に、衰退し、利益や価値を失うことを望む成熟した企業など存在しない。では、成熟した企業と衰退する企業をどのように区別できるだろうか。概して衰退している企業は成長余力がほとんどなく、既存の資産も資本コストを下回るリターンしか上げられない。つまり、価値を破壊している。秩序ある衰退や清算が最良のシナリオだが、最悪なシナリオは破綻し、債務を返済できなくなることである。

　衰退している企業には共通の特徴があり、それら共通の特徴がそ

のような企業を評価しようとしているアナリストには問題になる。

- **低迷・減少する収益** 収益が横ばいか、収益成長がインフレ率を下回ることは事業が弱体化したことの指標である。このような収益のパターンが分析している企業だけでなく、セクター全体に当てはまる場合は、弱体化の原因がお粗末な経営にあるという説明を排除できるので、さらに分かりやすい。
- **利益率が低下かマイナス** 衰退している企業は価格決定力を失い、より積極的な競合他社に市場シェアを奪われるにつれ利益率が低下することが多い。
- **資産の売却** 既存の資産も、それを異なるより良い方法で利用しようとしている投資家にしてみれば、もっと高い価値を持つことがあるので、資産の売却は衰退している企業では頻繁に行われる。そのような企業が負債を抱えていればなおさらである。
- **多額の還元——配当や自社株買い** 衰退している企業は再投資をほとんど必要としないので、時には利益額を超える多額の配当を払い、自社株買いをする。
- **財務レバレッジ——マイナス面** 負債は諸刃の剣だとすれば、衰退している企業は間違った側の刃にさらされていることが多い。既存の資産からの利益が低迷・減少し、利益成長の可能性がほとんどないので、債務の負担が圧倒的なものとなる。

衰退し、ディストレスとなった企業を評価するには、衰退する運命と株主や資金の貸し手に資金を戻す必要性とのバランスをとる必要がある。

バリュエーションの問題点

　過去のデータは憂鬱なもので、既存の投資が生み出す収益は横ばいか減少し、利益率の低下が伴う。総じて、ROC（資本利益率）が資本コストを下回っているかもしれない。企業は新たな資産に投資するのではなく、資産を処分し、縮小させ、資産の構成比率も財務構成も変えているかもしれない。企業の事業や財務構成が変われば、リスク特性も変化し、自己資本のコストと資本コストが変わる。これらの難題を乗り越え、衰退する企業の予想キャッシュフローを推定するとしても、評価している企業は安定した成長を示すようにはならないことを考慮しなければならない。つまり、ディストレスト企業の多くがデフォルトを起こし、廃業になるか、清算される。企業が生き残ることが予想されても、予想永久成長率は経済の成長率やインフレ率を大きく下回るだけでなく、場合によってはマイナスになるかもしれない。基本的に企業は存続するが、市場が縮小するにつれ徐々に小さくなる。

　衰退している企業やディストレスト企業を評価するときの問題の解決策として、本源的バリュエーションではなく、相対バリュエーションに頼るアナリストはマルチプルや類似企業を取り上げるときに次のような推定の問題に直面する。

- ●**変数との比率**　利益や簿価がマイナスとなり、あっという間に利用できなくなる。損失が繰り返されれば、自己資本の簿価は縮小し、マイナスの領域に入ってしまう。
- ●**類似企業**　業界内の他企業が健全で、成長している場合、健全な企業に付けた価値に対して、衰退している企業をどの程度割り引

くかが問題になる。ほとんどの企業が衰退しているセクターならば、利用できるマルチプルが限られてしまうだけでなく、企業の衰退の度合いについてどのように調整するのが最も良いのかを考えなければならない。

●**ディストレスを織り込む**　ディストレスになる可能性が高い企業は、うまくいく可能性が高い企業よりも価値が低くなる。そのため、マルチプルが低くなる。それでもけっして割安ということではない。

収益のマルチプルに基づいて価値を算出しても、大きすぎる負債や利益の減少が原因になる衰退の兆候が消えることはない。

バリュエーションの解決策

横ばいの収益、低下する利益率、破綻に陥る可能性がディストレスト企業の評価を難しくしている。この節では、本源的バリュエーションと相対バリュエーションの双方での難題にどのように対応するのが最も良いのかに目を向ける。

本源的バリュエーション

2つの主たる疑問を元に、衰退する企業の分析を組み立てる。1つ目は、目の前の事業の衰退は回復するのか、それとも恒久的なものなのか。傾いている企業でも、新たな経営陣が加わればその状況を脱出できる場合もある。2つ目は、企業がディストレスになる可能性が高いかどうかに関係する。つまり、衰退している企業のすべ

てがディストレスとなっているわけではない。この2つの疑問に対する答えを、本源的バリュエーションのモデルに組み入れる。そのプロセスを説明するために、小売業のベッド・バス・アンド・ビヨンド（BBBYQ）の評価を行う。アメリカのほかの多くの小売り企業と同様に、オンライン販売や顧客の好みの変化に同社の命運は一変した。1990年代にアメリカの小売業界の主力企業となった同社は、年間収益が2017年の123億ドルから2023年には74億ドルまで減少し、2014年に15億5000万ドルあった営業利益は2022年には3億8600万ドルの損失となった。同社は業績の振るわない店舗を閉鎖することで対応したが、多くの業績の良い店舗でさえも収益は毎年のように減少した。

　従来の割引キャッシュフローによるバリュエーションでは、事業をゴーイングコンサーンとして評価し、破綻する可能性はわずかであり、資本市場も利用可能で、流動性が高いと前提している。ディストレスになる可能性が高いとしたら、社内的・外的な要因で資本へのアクセスは限られ、資産の売却で得られる資金はゴーイングコンサーンの価値よりもはるかに少なくなる。そのため、割引キャッシュフローによるバリュエーションでは、たとえキャッシュフローや割引率を正しく推定したとしても、ディストレスト企業の価値やその自己資本の価値を過大評価してしまう。標準的な割引キャッシュフローモデルを拡張して、ゴーイングコンサーンの前提とそれに基づく価値と、ディストレスの影響を反映させた価値を区別する。ディストレスの影響を評価するには、まず企業をゴーイングコンサーンとして評価し、次に企業が予想期間にディストレスになる累積確率と、売却で得られる資金を推定すればよい。

　第1段階は、企業は継続するという前提で評価することである。

そのため、企業は回復し、再投資の能力が限られたなかで運営されるという前提で、企業の予想収益、営業利益率、税金を推定する。この推定を行う場合、衰退している企業にとっての健全な状況とはどのようなものかを現実的に考慮しなければならない。つまり、企業は縮小し、長期にわたり成長がほとんど見られない状態に落ち着くと考えても差し支えない。割引率を推定する場合、実際に企業が過大なレバレッジを抱えているならば、負債比率は時間の経過とともに低下し、収益性を取り戻すようになるにつれて負債による節税効果を得るようになると仮定しなければならない。これは企業が継続するという前提とも一致する。ベッド・バス・アンド・ビヨンドをゴーイングコンサーンとして評価するために、収益は向こう5年間に縮小を続けると仮定した。1年目は10％減少し、その後4年間は5％ずつ減少する。その後、同社は有効な小売業のモデルを見いだし、年3％で成長が可能になるとした。また、この新しいビジネスモデルは、アメリカの小売業界の平均である5.54％の営業利益率を達成でき、そうなるのは5年目以降と仮定した。この過程で、ベッド・バス・アンド・ビヨンドは店舗を閉鎖し、それらの店舗のリースやセッティングに拘束されていた資金の一部を回収すると予想している。そして、同社が回復するにつれ、資本コストは8.79％から7.50％まで低下すると予想している。これはアメリカの小売業の資本コストでは75パーセンタイルに当たる。このような変化の影響は**表9.1**で示した。

　バリュエーションを完了させるために、ベッド・バス・アンド・ビヨンドは10年目を過ぎると安定成長期に入り、年3％（無リスク金利の上限と等しい）で永久に成長すると仮定する。また、資本コストは7.5％で永久に変わらないとする。これは安定期の資本コス

表9.1 ベッド・バス・アンド・ビヨンドの営業資産の価値（単位＝100万ドル）

	収益	営業利益率	EBIT	EBIT×(1-t)	再投資	FCFF	資本コスト
1	7,081	−1.00%	−70.81	−71	0	−71	8.79%
2	6,727	1.62%	108.72	109	−177	286	8.79%
3	6,391	2.92%	186.89	187	−168	355	8.79%
4	6,071	4.23%	256.96	257	−160	417	8.79%
5	5,768	5.54%	319.56	244	−152	396	8.79%
6	5,572	5.54%	308.69	232	−98	330	8.53%
7	5,471	5.54%	303.14	227	−50	277	8.27%
8	5,460	5.54%	302.53	227	−5	232	8.01%
9	5,537	5.54%	306.77	230	38	192	7.76%
10	5,703	5.54%	315.97	237	83	154	7.50%
最終年	5,874	5.54%	325.45	244	73	171	7.50%

トである7.5％に等しい。

再投資率＝安定成長率÷安定期のROC
＝3.0％÷7.5％
＝40.00％

TV＝最終年の税引き後営業利益×（1－再投資率）÷（安定期の資本コスト－安定期のg）
＝2億4400万ドル×（1－0.40）÷（7.5％－3％）
＝32億5300万ドル

この価値は、ベッド・バス・アンド・ビヨンドは現在のビジネスモデルでは困難な状況にあるが、事業（小売業）そのものを実行可能で経済成長の一部になるよう再構築するという前提に基づいている。タバコや化石燃料など業界全体が長期的な衰退期にあると考えられる事業もある。そのような事業では、安定成長率をマイナスの値とし、時間の経過とともに事実上企業が存在しなくなるまで縮小させていくことを考慮すべきである。

　表9.1のキャッシュフローを累積の資本コストで割り、ターミナルバリュー（TV）の現在価値を足すと、営業資産の価値は30億9700万ドルになる。現金（4億4000万ドル）を足し、負債の市場価値（30億8500万ドル）を引き、発行済み株式数（9250万株）で割ると、同社の自己資本の価値は1株当たり4.89ドルになる。

1株当たりの価値＝（営業資産＋現金－負債）÷株式数
＝（30億9700万ドル＋4億4000万ドル－30億8500万ドル）÷9250万株
＝1株当たり4.89ドル

　第2段階はバリュエーション期間を通じてディストレスになる累積確率を推定することである。これを行うシンプルな方法は、企業の債券格付けと、その格付けを持つ企業の過去のデフォルト率を利用し、ディストレスになる確率を推定することだ。ムーディーズは、さまざまな格付けの債券が発行後5年間と10年間にデフォルトに陥る累積確率を推定した。その推定値を**表9.2**に掲載した。

表9.2　債券格付けとデフォルトの確率（1920〜2022年）

ムーディーズの格付け	5年以内	10年以内
Aaa	0.10%	0.70%
Aa	0.60%	1.80%
A	1.00%	2.70%
Baa	2.30%	5.20%
Ba	8.30%	16.40%
B	19.30%	31.90%
Caa-C	31.50%	46.00%

価値の要素　その1──継続企業の価値

衰退している企業やディストレスト企業が回復することもある。評価している企業がその1社だとしたら、継続企業としての価値はどのくらいになるだろうか。

　具体的には、ベッド・バス・アンド・ビヨンドの2022年の格付けはBで、B格の債券が向こう10年間にデフォルトになる累積確率は31.90％である。この方法は、ディストレスト企業や衰退している企業が大手格付け会社から格付けを得ていれば有効だが、格付けがない場合は、もっと想像力を働かせる必要がある。

> ## 価値の要素　その２──破綻する可能性
>
> 衰退している企業やディストレス企業のほとんどが回復しない。評価している企業が破綻する可能性はどのくらいか。

　３つ目の段階として、論理的な補足の疑問について考えたうえでディストレスになる確率を推定しなければならない。では、どうなるのか。ディストレスであること自体が問題なのではなく、ディストレス企業は既存の資産が生み出す将来の予想キャッシュフローの現在価値を下回る価格で資産を売却しなければならないという事実が問題なのだ。既存の投資が生み出すキャッシュフローの現在価値の金額を請求することすらできないことが多い。結果として、われわれが推定する必要がある主たる入力値は、資産を売却せざるを得なくなった場合の予想調達額である。実際に資産売却の資金を推定する方法の１つが、ほかのディストレス企業の実例に基づいて、売却資金が資産の簿価の何％になるかと考えることである。売却が可能な実物資産よりも、無形資産が多くの価値を生み出している事業では、資産売却の資金は公正価値の何％かと示すことができる。

　ベッド・バス・アンド・ビヨンドが破綻した場合、同社が手にするのは公正価値の４分の１だけであり、その結果、売却価額は７億7400万ドル（公正価値である30億9700万ドルの４分の１）になると仮定する。これに現在の現金残高の４億4000万ドルを足すと、手にする資金は負債の額面である30億8500万ドルを大きく下回る。そのため、株主は資産売却が行われた場合、何も手にしない。継続企業としての１株当たりの価値（割引キャッシュフローのバリュエーシ

ョンで算出）は4.89ドルである。同社の格付けがＢ格であることに基づくと、デフォルトする可能性が31.90％で調整すると、調整後の価値は3.33ドルになる。

ディストレス調整後の１株当たりの価値
＝4.89ドル×（１－0.319）＋0.00ドル×（0.319）
＝3.33ドル

　これは、バリュエーションを行っている時点の株価である8.79ドルを大きく下回る。
　自己資本の価値に影響を及ぼすかもしれないこととして最後に考慮すべきことがある。健全な企業では、予想キャッシュフローを求めて株式を買う。つまり、配当や自社株買いや企業内に貯まる現金である。ディストレス企業では、その株式に投資する理由は異なる。その企業が事業を再建し、回復できることを期待して株式を買う。実際に、株価がゼロを下回ることはなく、株主は資金の貸し手に返済した後に残ったものを手にするという事実を考えると、ディストレス企業の株式はコールオプションの特徴を持つ。多額の負債を抱え、破綻する可能性が高い企業では、オプションとしての自己資本の価値は、割引キャッシュフローによる自己資本の価値よりも高くなるかもしれない。株式をコールオプションとみなせば、その企業の価値が負債残高の額面を大きく下回る場合でも、株式には価値がある。これは企業がリスクの高い事業（リスクは将来資産の価値が上昇する可能性を高めることにもなる）に従事し、長期の借り入れを抱えている場合にはとりわけ真実だろう。

> ## 価値の要素　その3――ディストレスの影響
>
> 破綻した場合、企業の資産は売却され、売却資金は債務の返済に充てられる。評価している企業が破綻すると仮定したら、どのような影響があるだろうか。

相対バリュエーション（価格付け）

　ディストレス企業や衰退している企業に相対バリュエーションを適用する方法は2つある。まず、ディストレス企業のバリュエーションをほかのディストレス企業のバリュエーションと比較する。次に、健全な企業を類似企業として用い、評価している企業が直面している困難に応じて調整する方法を見いだす。

　ディストレス企業を評価するには、同じ業界のディストレス企業の一団を見いだし、市場がそれらにどのような価格を付けているかに目を向けることができる。例えば、問題を抱えた電気通信会社は、ディストレスとなっているほかの電気通信会社のEV/売上高（EV/S）あるいはEV/簿価資本（EV/BC）倍率に目を向けることで評価できる。この方法が役に立つ可能性はあるが、セクター内の多くの企業が同時に財政的困難に陥っている場合にしか役に立たない。さらに、企業をディストレスとそうではないものとに分類することで、ディストレスの度合いが異なる企業を一緒くたにしてしまう危険を冒す。2022年にベッド・バス・アンド・ビヨンドをほかの小売り企業と比較する場合、同社が損を出していることから、算出できるマルチプルは収益のマルチプル（EV/売上高倍率かPSR［株

価売上倍率］）だけである。それに基づくと、収益の半分（EV/売上高倍率が0.5）で取引されている同社は、2022年のEV/売上高倍率の平均が0.81である小売りセクターに比べて割安に思える。だが、これは同社の収益が減少していることとディストレスが迫っていることを考慮していない。

　割引キャッシュフローによるバリュエーションで用いる方法論と同様に、業界内の健全な企業を類似企業として取り上げ、それらにどのような価格付けがなされているかに目を向けることで、ディストレスト企業を評価できる。ディストレスト企業を評価するためには、その企業が回復すると仮定し、将来の収益や営業利益を予想する。将来の予想価値を推定し、その価値を現在価値に割り引くことで、企業のゴーイングコンサーンの価値を算出する。次に、ディストレスに陥る確率と資産売却の資金を織り込んで今日の企業の価値を算出する。どちらの入力値も前節と同様の方法で推定する。この方法論を用いてベッド・バス・アンド・ビヨンドを評価するために、まず同社が回復すれば10年目の収益は57億0300万ドルになると推定した。2022年の小売業界のEV/売上高倍率の平均である0.81を当てはめると、10年後の価値は46億1900万ドルになる。

10年後の予想エンタープライズバリュー
＝57億0300万ドル×0.81
＝46億1900万ドル

　これを**表9.1**の一連の資本コストで割り引くと現在の価値は20億6200万ドルになる。破綻した場合、資産売却による調達資金はたった12億1400万ドルと予想される。破綻する可能性とその影響で調整

すると、今日のエンタープライズバリューは17億9149万ドルになる。

今日の価値＝20億6200万ドル×（1－0.319）＋12億1400万ドル×（0.319）
＝17億9149万ドル

　現金を足し、負債を引くと自己資本の価値はマイナスになる。これは、価格付けに基づいた場合、ディストレスと時間価値で調整すると、2022年のベッド・バス・アンド・ビヨンドの株式にはまったく価値がないことを示している。

バリュープレー

　長い時間軸と強靭な胃袋を持った投資家は、衰退する企業で2つの戦略が利用できる。1つ目は、衰退は避けられず、その事実を経営陣が認識している企業に投資することである。投資した株式の価格が上昇することはほとんどないが、資産が売却されると多額のキャッシュフローを手にし、その現金は配当や自社株買いに充てられる。事実上、この株式は高利回り債のような働きをする。
　2つ目は事業再生投資である。つまり、回復する見込みがあり、再生の過程で大きなアップサイドをもたらすことが期待される、衰退している企業やディストレスト企業に投資することだ。この戦略を成功させるには次のことを考慮してほしい。

1. **事業の潜在力**　しっかりした営業資産を持つ企業が、過度な借り入れを行うことでディストレスになることがある。価値のある資産を有し、過大な借り入れがなければ健全な事業になる負債の多すぎる企業を探せばよい。
2. **債務の再構成**　負債が多すぎる企業が再生するためには、業績を回復させるか、借り入れ条件を再交渉することで、債務の負担を軽減しなければならない。債務の再構成を積極的に求めている企業や、それが成功する可能性が高い企業を探すべきである。
3. **新規資金を調達できる**　ディストレスト企業も新たに資本を調達できるならば、生き残りは容易になる。勝率を高めるためには、株式による調達や銀行からの借り入れが可能な企業に焦点を当てればよい。

　ディストレスト企業に投資する場合、どうにか再生できる企業が、再生に失敗する多くの企業がもたらす損失を補って余りある高いリターンをもたらすことを期待しているのである。

第3部
殻を打ち破る――バリュエーションの特殊な状況

Breaking the Mold-Special -- Situations in Valuation

第10章
バンク・オン・イット──金融サービス企業を評価する
Bank on It -- Valuing Financial Service Companies

　何十年にもわたり、銀行や保険会社は配当を重視するリスク回避的な投資家にとって優れた投資対象だとされてきた。シティグループ（CITI）やアメリカン・インシュアランス・グループ（AIG）に投資しなさい、そうすれば安全な投資になると言われた。これらの企業は安定的に多額の配当を支払っていただけでなく、規制対象の業種なので安全だと考えられていた。だが、規制を受ける企業でも無謀なリスクテークという過ちを犯すことが2008年のリーマンショックで明らかとなった。これらの企業には優れた投資対象になるものもあるかもしれない。株式を買うには下調べをし、配当の持続可能性や潜在的なリスクを評価しなければならない。

　金融サービス業はお金の稼ぎ方によって4つのグループに分けられる。銀行は、資金調達先に支払う利息と銀行から資金を借りた者に課す金利の差、預金者や資金の貸し手に提供するその他サービスでお金を稼ぐ。保険会社は、保険を購入する者から受け取る保険料、加入者への保険料を支払うために運用している投資ポートフォリオがもたらすインカムが収入になる。投資銀行は、金融市場から資本を調達したり、取引（買収や売却）を実行しようとしたりする企業

に助言や関連する金融商品を提供する。投資会社は、顧客に投資アドバイスを提供したり、顧客のポートフォリオを運用する。彼らは助言に対する顧問料や投資ポートフォリオの販売・運用の手数料から収入を得る。金融サービスセクターの統合が進んでいることで、これらの事業を2つ以上行っている企業の数が増加している。

　金融サービス企業は世界中で規制の対象となっている。そのような規制は3つの形態をとる。1つ目は、銀行や保険会社は、自己資本の簿価に基づいて算出する資本比率の規制を満たすことが求められる。これは彼らが不相応なまでに拡大し、保険加入者や預金者をリスクにさらさないようにするためである。2つ目は、金融サービス企業は自己資金を投資できる対象に制限を設けられていることが多い。例えば、10年前までグラス・スティーガル法によってアメリカでは、商業銀行が投資銀行業務を行うことや非金融サービス企業の株式で積極的にポジションを取ることを制限していた。3つ目は、新規参入は規制当局によって管理されることが多く、既存の企業間での合併も同様である。

　金融サービス企業の利益を計測し、簿価を記録するために用いられる会計規則は、他業種とは異なる。金融サービス企業の資産は債券や資産担保証券などの金融商品になる。これら資産の多くは市場価格が分かるので、会計規則もこれら資産の市場価値を用いる。いわゆる、時価評価である。

バリュエーションの問題点

　銀行や投資銀行や保険会社を評価する場合、主に2つの難題がある。1つ目は、金融サービス企業では負債と自己資本の線引きが難

しいことである。非金融サービス企業の資本について議論する場合、われわれは負債と自己資本の両方について語る。金融サービス企業では、負債には異なる含意がある。銀行にとって負債は原材料であり、より高い価格で売却できるようほかの製品にして、利益を生み出すものなのだ。実際に、顧客が銀行の決済口座に預ける預金は形式的には負債の要件を満たすので、金融サービス企業で何が負債になるのかの定義は、非金融サービス企業の場合よりも曖昧である。結果として、金融サービス企業の資本は自己資本だけを含むと狭く定義しなければならない。この定義は、銀行や保険会社の自己資本比率を評価する規制当局によって裏打ちされている。

　銀行のキャッシュフローの定義も、たとえ株主に帰属するフリーキャッシュフロー（FCFE）と定義するとしても難しい。正味の資本支出や運転資本の算出も問題となる。工場や設備やその他固定資産に投資を行う製造業とは異なり、金融サービス企業はブランド名や人的資本など主に無形資産に投資する。結果として、将来の成長のための投資は財務諸表では営業費用として計上されることが多い。運転資本を流動資産と流動負債の差額と定義すると、銀行の貸借対照表の大部分はこれらの科目のどれかに分類される。この数字の変化は大きく、不安定で、成長のための再投資とは無関係かもしれない。

　同様の問題が相対バリュエーションでも頭をもたげる。金融サービス企業でエンタープライズバリュー（EV）に基づくマルチプルを算出するのは不可能ではないが、かなり難しい。財務諸表が分かりにくいため、成長率やリスクの違いを調整するのはさらに難しい。

バリュエーションの解決策

　金融サービス企業がどれだけの負債を抱えているか、キャッシュフローがどれほどあるのかを明確にできないとしたら、どのようにして価値を推定するのだろうか。われわれはこれらの問題を乗り越えるために、本源的バリュエーションでも相対バリュエーションでも同じテクニックを用いる。つまり、唯一観測できるキャッシュフローである配当を用いて、自己資本（企業ではない）を評価する。

本源的バリュエーション

　銀行の資本は自己資本だけを含むと狭く定義すべきである、そして、正味の資本支出や運転資本は定義できないので、株主に帰属するフリーキャッシュフローの算定は不可能ではないとしても難しいという前提条件を受け入れるならば、残された選択肢は1つだけである。配当割引モデルである。この節の多くは配当を用いることの議論に費やす。一方で、代替案を2つ示すつもりだ。1つは、株主に帰属するフリーキャッシュフローを用いて、規制対象になる自己資本の増分を、成長を維持するための再投資と定義する。もう1つは、金融サービス企業が生み出すROE（株主資本利益率）に注目し、それを自己資本のコストと比較することで、超過リターンを評価する．

配当割引モデル

　基本的な配当割引モデルでは、株式の予想配当額の現在価値がその株式の価値になる。安定的に成長し、配当を支払っている企業で

は、株式の価値は次のようになる。

株式の価値＝翌年の予想配当額÷（自己資本のコスト－期待成長率）

　配当は増大しても、その割合が持続可能か、永久に変わらないかは分からないより一般的なケースでは、２つの要素から株式を評価できる。つまり、高成長期の配当の現在価値と、永久成長を前提とした予想期間末時点での株価の現在価値である。配当割引モデルは直感的にも分かりやすく、株式のバリュエーションに深く根付いている。自己資本の価値を算出する配当割引モデルには３つの入力値が必要になる。１つ目は、キャッシュフローを割り引くために用いる自己資本のコストで、このコストは少なくとも一部の企業では時間の経過とともに変化する。２つ目は、利益のうち配当として払い出される金額の割合である。これは配当性向と呼ばれ、利益水準にかかわらず配当性向が高ければ、配当として支払われる割合が高くなる。３つ目は、配当の長期的な期待成長率で、これは利益の成長率とそれに付随する配当性向によって決まる。これらの入力値を推定することに加え、それぞれの入力値が互いに矛盾しないようにする必要がある。

　金融サービス企業の自己資本のコストは、株式のリスクのうち限界投資家には分散できない部分を反映したものでなければならない。金融サービス企業の自己資本のコストを推定するにあたり、銘記しておく必要がある注意事項が３つある。

● **セクターのベータを用いる**　このセクターでは上場企業は多く存在するので、セクターのベータを推定するほうがはるかに容易で

ある。
- **規制や事業リスクで調整する**　規制の違いを反映させるために、セクターは狭く定義すべきである。そのため、同じようなビジネスモデルを有する銀行の平均ベータに目を向ければよい。リスクの高い事業である証券化やトレーディングや投資銀行業務に手を広げている金融サービス企業ではそれらの事業分野に応じてベータは異なり、より高いものになるはずだ。そのような企業のベータはこの高いリスクを反映する。
- **リスクと成長との関係を考慮する**　成長率の高い銀行のベータ、そして自己資本のコストは成熟した銀行よりも高くなると予想すべきである。そのような銀行を評価する場合、まずは高い自己資本のコストから始め、成長率を引き下げるにつれ、ベータと自己資本のコストを低下させればよい。

　2023年5月のシティグループのバリュエーションについて考えてみよう。同行はアメリカ最大の商業銀行である。このバリュエーションでわれわれは自己資本のコストを11.67％とした。これは大手銀行全体の価格付け（PBR［株価純資産倍率］やROE［株主資本利益率］）を基準に、それら銀行のインプライド自己資本コストを反映した数値である。

- 2023年5月の大手銀行のPBRの中央値＝1.04
- 2023年5月の大手銀行のROEの中央値＝12.00％
- 期待永久成長率（g）＝3.3％（無リスクレートと一致させた）

　第3章（価格付けの節）で記したように、相対バリュエーション

では次のようになる。

PBR＝（ROE－g）÷（自己資本のコスト－g）、
1.04＝（0.12－0.033）÷（自己資本のコスト－0.033）、
よって、自己資本のコスト＝0.1167（11.67％）

　ここで強調すべき最後のポイントが1つある。大手銀行の自己資本のコストを用いるのは、少なくとも2023年時点のシティグループのリスクはアメリカの大手銀行の平均と同程度というのを前提としている。平均的な銀行よりもリスクが高いか、安全な銀行を評価しようとしているならば、それを織り込む方法は、銀行全体のインプライド自己資本コストの分布に目を向け、リスクが高い銀行には75パーセンタイルに当たる自己資本のコストを、安全な銀行には25パーセンタイルに当たる自己資本のコストを用いることである。

> **価値の要素　その1──自己資本のリスク**
>
> すべての金融サービス企業は規制を受けるが、それら銀行のリスクは同じではない。評価している企業のリスク特性をどのようにしてセクターの平均的な企業のリスク特性と比較するのか。

　配当と成長率は本質的にトレードオフの関係にある。企業が利益の多くの部分を配当として払えば、再投資額は減少するので、成長の速度は低下するはずである。金融サービス企業では、この関係が規制による資本の制約に事業活動が左右されるという事実で強化される。つまり、銀行や保険会社は事業活動に対し、簿価を基準に特

定の割合の自己資本を維持しなければならない。企業が配当の支払いを増やす場合、留保する利益は少なくなる。だが、自己資本の簿価は留保利益分だけ増大する。近年、ほかのセクターでも見られるトレンドを踏まえて、金融サービス企業は株主に現金を還元する方法として自社株買いを増やしている。このような状況に従えば、単純に配当金だけに注目すると、株主に還元される現金について誤った解釈をしかねない。そこで毎年の自社株買いの額を配当に足し、合成した配当性向を算出するのが分かりやすい解決策である。だが、その場合、数年間の数字に目を向けるべきだろう。なぜなら、自社株買いは時間の経過とともに大きく変化するからだ。例えば、ある年に何十億ドルもの自社株買いが行われたが、その後の３年間は自社株買いが比較的少なくなるかもしれない。

　配当と利益と成長率の前提に矛盾がないようにするために、留保した自己資本がどの程度うまく再投資されているかを考慮に入れなければならない。つまり、ROEが配当性向と期待成長率を結びつける変数になるわけである。

利益の期待成長率＝ROE×（１－配当性向）

　そのため、金融サービス企業の価値を算出する場合、ROEと成長率と配当の関係が極めて重要になる。言いすぎであることを覚悟して記すが、銀行を評価する場合の鍵になる数値は配当や利益や期待成長率ではなく、その銀行が長期的にどれだけのROEを上げられるかである。この数値を配当性向と組み合わせれば、成長率を算出する一助になる。2023年５月のシティグループのバリュエーションに立ち返ると、同行の直近12カ月のROEは8.78％だった。シテ

表10.1　2023年5月のシティグループの予想利益と配当

	基準年	1	2	3	4	5
利益成長率		6.22%	6.22%	6.22%	6.22%	6.22%
ROE	8.78%	8.78%	8.78%	8.78%	8.78%	8.78%
純利益（100万ドル）	14,845	15,769	16,750	17,792	18,898	20,074
配当性向	29.14%	29.11%	29.11%	29.11%	29.11%	29.11%
配当（100万ドル）	4,326	4,591	4,877	5,180	5,502	5,845

ィは直近12カ月で利益の29.14％を配当として払い出した。配当性向は変わらないと仮定すると、シティグループの向こう5年間の利益の期待成長率は6.22％になる。

期待成長率＝8.78％×（1－0.2914）＝6.22％

　表10.1は、シティの自己資本のコストとROEは現在の水準で永久に変わらないと仮定した向こう5年間のEPS（1株当たり利益）と配当額の予想である。
　この成長率と配当性向とROEの関係は、安定成長率を算出する場合にも役に立つ。なぜなら、ターミナルバリュー（TV）を推定するために用いる安定成長期の配当性向は次のようになるはずだからである。

安定成長期の配当性向＝1－（期待成長率÷安定期のROE）

企業のリスクも安定成長の前提を反映するように調整しなければならない。自己資本のコストを推定するためにベータを用いるならば、それは安定成長期のベータに収束するはずである。シティグループの場合、5年目以降の予想永久成長率は3％であり、自己資本のコストは11.67％で変わらず、ROEも8.78％で変わらないと仮定している。

安定成長期の配当性向＝1－（3.00％÷8.78％）＝65.82％

TV＝（6年目の純利益×安定成長期の配当性向）÷（自己資本のコスト－期待成長率）
＝（200億7400万ドル×1.03×0.6582）÷（0.1167－0.03）
＝1569億6400万ドル

　向こう5年間の予想配当（**表10.1**にある）とターミナルバリューを現在の自己資本のコストである11.67％で割り引くと、1株当たりの現在価値は55.68ドルとなり、その時点の株価である46.32ドルよりも高くなる。シティグループは永久に自己資本のコストをはるかに下回るROEしか上げられず、事業は停滞し、出口もないので、このバリュエーションにおけるストーリーは停滞期のストーリーであることに注意してほしい。この悲観的なストーリーにもかかわらず、株価は割安である。

> **価値の要素　その２──成長の質**
>
> 成長は価値を高めることも、破壊することもあれば、まったく影響を及ぼさないこともある。評価している企業は、成長を追い求める一方でどのようなROEを生み出しているだろうか。

株主に帰属するフリーキャッシュフローに基づくモデル

　本章の前半で、正味の資本支出と現金を除く運転資本が容易に算出できない場合に、キャッシュフローを推定するのは難しいと記した。しかし、再投資の定義を変えれば、金融サービス企業の株主に帰属するフリーキャッシュフローを推定することは可能である。金融サービス企業では、概して再投資は規制の対象になる自己資本に充てられる。これは規制当局が定義する自己資本で、将来の成長率の上限を決める。規制対象になる自己資本への再投資額を推定するためには、銀行が達成しようとしている自己資本比率を特定する必要がある。これは規制の要件に大きく影響され、銀行の経営陣の判断も反映している。保守的な銀行は規制当局の要求よりも高い自己資本比率を維持することを選択し、積極果敢な銀行は規制による制約などものともしないかもしれない。

　説明のために、貸付残高が１億ドル、自己資本の簿価が600万ドルの銀行を評価しているとしてみよう。この銀行は翌年500万ドルの純利益を上げることが予想され、貸付残高も年間で10％増やそうとしている一方で、規制対象になる資本比率を７％まで引き上げようとしているとしよう。株主に帰属するフリーキャッシュフローは次のように算出できる。

純利益＝500万ドル
再投資＝170万ドル（１億1000万ドルの７％－600万ドル）
株主に帰属するフリーキャッシュフロー＝330万ドル

　この株主に帰属するフリーキャッシュフローを潜在的な配当と考え、配当割引モデルの配当と置き換えることができる。この例から一般化すると、規制対象になる資本が不足している銀行は、自己資本比率を目標とする水準まで引き上げるためにより多くの再投資が必要になるので、すでに資本保全バッファーを積み上げている銀行よりも価値は低くなるはずである。この方法を2023年４月のシティグループに当てはめると、同行のTier 1 資本比率は14.80％で、大手銀行のうち第１四分位に属する。だが、このバリュエーションを行う数週間前にシリコンバレーバンクが破綻したので、銀行も規制当局も保守的になっている可能性があり、やがてTier 1 資本比率は15％まで引き上げられると、われわれは仮定する。**表10.2**に示すとおり、長期的にはROEが改善することを考慮して、シティグループの株主に帰属するフリーキャッシュフローに基づくバリュエーションは、１株当たり68.58ドルと推定した。

　永久成長率を３％、ROEを9.50％と仮定してターミナルバリュー（TV）を推定すると、次のようになる。

自己資本のTV ＝（（６年目の純利益）×（１－成長率÷ROE））÷（自己資本のコスト－成長率）
＝（195億2200万ドル×1.03×（１－0.03÷0.095））÷（0.1167－0.03）
＝1589億7200万ドル

第10章 バンク・オン・イット――金融サービス企業を評価する

表10.2 2023年5月のシティグループの予想FCFE（単位＝100万ドル）

	現在	1	2	3	4	5	最終年
リスク調整後資産	$1,142,985	$1,177,275	$1,212,593	$1,248,971	$1,286,440	$1,325,033	$1,364,784
Tier1資本比率	14.80%	14.84%	14.88%	14.92%	14.96%	15.00%	15.00%
Tier1資本	$169,145	$174,694	$180,423	$186,339	$192,448	$198,755	$204,718
規制対象となる資本の変化（Tier1）		$5,549	$5,729	$5,916	$6,109	$6,307	$5,963
簿価	$182,194	$187,743	$193,472	$199,388	$205,497	$211,804	$218,158
ROE	8.78%	8.92%	9.07%	9.21%	9.36%	9.50%	9.50%
純利益	$14,845	$16,254	$17,021	$17,820	$18,653	$19,522	$20,121
－規制対象となる資本への投資		$5,549	$5,729	$5,916	$6,109	$6,307	$6,354
＝FCFE		$10,705	$11,291	$11,904	$12,545	$13,215	$13,767
自己資本のターミナルバリュー						$158,972	
現在価値		$9,586	$9,055	$8,548	$8,067	$99,052	
自己資本のコスト	11.67%	11.67%	11.67%	11.67%	11.67%	11.67%	11.67%
自己資本の現在価値＝	$134,308						
発行済み株式数＝	1958.30						
1株当たりの価値＝	$68.58						

207

1株当たりの自己資本の価値は68.58ドルで、配当割引モデルよりも高くなる。その要因の1つは、長期的にROEが8.78％から9.50％に改善すること、もう1つは、シティグループの留保利益の利用方法を再評価したことである。

価値の要素　その3──規制によるバッファー

規制対象になる資本の不足または資本保全バッファーは将来の配当に影響を及ぼしかねない。評価している企業の資本比率は規制による要件と比較するとどうなっているだろうか。

超過リターンモデル

金融サービス企業を評価する3つ目の方法として超過リターンモデルを用いる。ここでは超過リターンはROEと自己資本のコストの差と定義する。このようなモデルでは、企業の自己資本の価値は、現在の資産に投資した自己資本と、現在と将来の投資が株式投資家にもたらす期待超過リターンによる価値の増分の合計額で示すことができる。

自己資本の価値＝現在投下している自己資本＋株式投資家にもたらされる期待超過リターンの現在価値

このモデルで最も興味深いのは超過リターンに焦点を当てている点である。自己資本を投資し、その投資から市場並みのリターンしか上げていない企業では、自己資本の市場価値は現在投下している自己資本の価額に収束する。投下した自己資本のリターンが市場を

下回る企業では、自己資本の市場価値は現在投下している自己資本を下回る。超過リターンモデルではROEと自己資本のコストの2つが重要な入力値になる。

自己資本の超過リターン＝（ROE－自己資本のコスト）×（投下した自己資本）

　超過リターンという観点から金融サービス企業を捉えると、彼らが直面しているリスクとリターンのトレードオフを把握できる。伝統的な銀行業務で低いROEに直面したことで、多くの銀行がトレーディングや投資銀行業務や不動産やプライベートエクイティーに手を広げてきた。高いROEをもたらす新たな事業に手を広げる効果はそれら事業のより高いリスクで部分的にか、完全に相殺されてしまいかねない。銀行を分析するためには、この両方に目を向ける必要がある。つまり、銀行が新たな事業で生み出すROEと結果としてさらされるリスクだ。超過リターンの方法論を用いると、規制の変更が価値に与える影響を把握するキッカケも得られる。規制による資本要件が高まると銀行のROEが低下し、さらには超過リターンと価値が縮小する。

　シティグループのバリュエーションを超過リターンという観点から捉えることができる。だが、ネガティブな結論になるのは言うまでもない。2022年末時点のシティグループの自己資本の簿価は1821億9000万ドルだった。われわれは配当に基づくバリュエーションでも、株主に帰属するフリーキャッシュフローのバリュエーションでも、シティグループは永久に自己資本のコストを下回るROEしか上げられず、永続するマイナスの超過リターンの現在価値は簿価を

低減させると仮定している。当然ながら、われわれが推定した銀行のバリュエーションは簿価を大きく下回り、配当に基づくバリュエーションでは1090億4000万ドル、株主に帰属するフリーキャッシュフローのバリュエーションでは1343億ドルになった。

相対バリュエーション（価格付け）

　金融サービス企業では自己資本のバリュエーションを重視していることから、金融サービス企業を分析するために用いるマルチプルは自己資本のマルチプルになる。つまり、PER（株価収益率）とPBRである。

　銀行や保険会社のPERはほかの企業と同様に、現在の株価をEPSで割ることで算出する。ほかの企業の場合と同じように、PERは利益の期待成長率が高く、配当性向が高く、自己資本のコストが低い金融サービス企業ほど高くなる。金融サービス企業特有の問題は、予想される費用負担への引当金が用いられていることである。例えば、銀行は常に不良債権への引当金を積んでいる。このような引当金は報告利益を減らし、PERに影響を及ぼす。結果として、不良債権を保守的に分類をしている銀行は利益が少なくなり、あまり保守的ではない分類している銀行は利益が大きくなる。もう1つ利益のマルチプルを用いるときに考慮すべきは、金融サービス企業は多様な事業に手を広げていることである。投資家が商業銀行業務の利益1ドルに付けるマルチプルは、トレーディングによる利益1ドルに付けるマルチプルとはまったく異なるものになる。企業がリスクや成長率やリターン特性が異なるさまざまな事業を展開している場合、適切な類似企業を見いだし、企業間で利益のマルチプルを

比較するのは非常に難しくなる。

　金融サービス企業のPBRは１株当たりの自己資本の簿価に対する株価の比率である。ほかの条件が同じとすれば、利益成長率の上昇、配当性向の上昇、自己資本のコストの低下、ROEの上昇はすべてPBRの上昇につながり、ROEが最も重要な変数になる。金融サービス企業では、自己資本の簿価は既存資産の市場価値に従う可能性がとても高いので、PBRとROEとの関係はほかの企業よりも金融サービス企業のほうが強くなるはずだ。PBRとROEとの関係を強調しているが、ほかのファンダメンタルズも無視してはならない。例えば、リスクという点では銀行は一様ではないが、ROEが同じならば、リスクの高い銀行のほうがPBRは低くなる。同様に、成長の可能性が非常に高い銀行は、その他のファンダメンタルズの水準が同じであれば、PBRもはるかに高くなる。

　2023年５月のシティグループの価格付けをするとしてみよう。簿価の半値で取引されているので、同行はアメリカの大手25行のなかで最も割安な銀行である。優れた買いだと結論する前に、シティグループの価格付けをJPモルガンと大手25行と比較した**表10.3**で分かるとおり、同行は過去５年間の預金残高の伸び率が最も低く、ROEも平均を下回っていることを指摘しておく価値はある。

　ご覧のとおり、JPモルガンはすべてのファンダメンタルズでシティグループを凌駕している。預金残高の伸び率は高く、Tier 1資本比率も少しばかり高く、ROEははるかに高い。一方で、PBRはシティグループの３倍にすぎない。要するに、JPモルガンのほうが優れた銀行であることは明らかだが、シティグループのほうが優れた投資対象である可能性はある。

表10.3　2023年４月のシティグループの価格付け

	シティグループ	JPモルガン	大手25行（中央値）
預金残高の成長率	3.74%	9.69%	10.66%
Tier1資本比率	14.80%	14.85%	11.12%
ROE	8.78%	14.53%	10.66%
PBR	0.50	1.53	1.04

バリュープレー

　金融サービス企業への投資は大きな配当を求め、株価の安定性を好む投資家にとって保守的な戦略だと歴史的にもみなされてきた。今日、これらの企業に投資するには、配当利回りや現在の利益に目を向けるだけではないもっと繊細な戦略が必要であり、次に挙げることを調べることで、これら企業の潜在的なリスクに目を向ける必要がある。

● **資本比率のバッファー**　ほとんどの金融サービス企業が資本要件による規制を受けている。規制による資本要件を満たしているだけでなく、それを上回る資本比率を持つ企業を探すべきだ。

● **事業のリスク**　１つのセクター（銀行・保険会社）のなかでも、金融サービス企業のリスクは企業によってさまざまであ

る。平均的なリスクや平均を下回るリスクで、健全な利益を上げている企業を探さなければならない。
- **透明性** 決算報告が透明であれば、投資家は価値を正確に評価できるようになる。透明性を欠いている場合、意図的にリスクを隠そうとしているのかもしれない。事業内容や直面しているかもしれないリスクについて詳細な情報を提供している企業を探すべきである。
- **新規参入が厳しく制限されている** 高いROEは価値を決める重要な要素である。厳しい参入障壁の下、収益性ある事業を行っている企業を調べるべきだ。

まとめると、配当が多いだけでなく、比較的安全な投資から高いROEを上げている金融サービス企業に投資しなければならない。十分な資本比率のバッファーを持たずに、リスクが高く、成長率が高い事業に投資するなど過度に手を広げている金融サービス企業は避けるべきだろう。

第11章
ジェットコースター投資──シクリカルな企業、コモディティ企業を評価する
Roller Coaster Investing -- Valuing Cyclical and Commodity Companies

　世界経済が好調で、収益性も高かった2007年のトヨタ自動車の価値はどれくらいだったのだろうか。景気後退の真っただ中にあった２年後はどうだったのだろうか。原油価格が急騰したら、エクソンモービルの株価はどのくらい上昇するだろうか。不確実性とボラティリティはバリュエーションには付き物だが、シクリカルな企業やコモディティ企業は景気変動やコモディティ価格の動きなどの外部要因によって大きく変動する。成熟したシクリカルな企業やコモディティ企業でさえ、利益やキャッシュフローの変動は大きく、それらへの投資はジェットコースターに乗っているかのようである。

　本章で目を向ける企業群が２つある。１つ目のグループは住宅や自動車などのセクターに属し、利益が経済全体の成長率に従うシクリカルな企業である。２つ目は、ほかの企業の原材料（原油や鉄鉱石）となったり、収集品（金やプラチナやダイヤモンド）として求められたりするコモディティを生産することで利益を獲得しているコモディティ企業である。

　どちらのタイプの企業にも、いくつか評価方法に影響を及ぼしかねない共通点がある。

●**景気循環やコモディティ価格のサイクル**　シクリカルな企業は景気に左右される。シクリカルな企業のほとんどが深刻な景気低迷に直面すると収益が減少し、経済が回復すると収益が増大する確率が高い。多くのコモディティ企業がプライステイカーである。コモディティ価格の上昇期にはそのコモディティを生産する企業のすべてが利益を享受し、価格の下落期には業界で最も優れた企業でさえ利益が縮小する。

●**有限な資源**　コモディティ企業の場合、もう1つ共通の特徴がある。地球上の天然資源には限りがあるということだ。原油価格が上昇すれば、より多くの原油を求めて開発することはできるが、原油を作り出すことはできない。これはコモディティ企業を評価する場合、将来のコモディティ価格の予想に影響を及ぼすだけでなく、ターミナルバリュー（TV）の計算で永久成長を仮定するという通常の方法に制約を課すことにもなる。

コモディティ企業やシクリカルな企業を評価する場合、景気循環、コモディティ価格のサイクルの影響、それらのサイクルの推移が収益や利益にどのような影響を及ぼすかに対応しなければならない。また、お粗末な経営判断や企業特有の判断だけでなく、マクロ経済の力によって引き起こされるディストレスの可能性に対応する方法を考案しなければならない。

バリュエーションの問題点

コモディティ企業やシクリカルな企業を評価する場合、入力値はマクロの変数に大きく影響される。つまり、コモディティ企業の場

合はコモディティ価格、シクリカルな企業の場合は経済の状況である。コモディティ価格や経済の成長率が変わると、それら企業の営業利益は固定費が大きいがゆえに、それ以上に変動する。そのため、コモディティ企業は、事業を一時的に閉鎖し、再開する費用があまりに高くなりかねないので、コモディティ価格が低い間でも鉱山（鉱業）や油田（原油）、畑（農業）を稼働し続けなければならないかもしれない。この利益の変動が自己資本と負債の価値に影響を及ぼし、そのために資本コストにも影響し、マクロ経済が大きく悪化すると、潜在的には最も健全な企業でもディストレスとなったり、デフォルトを起こしたりする危険性がある。

同じ要素が相対バリュエーションにも影響する。PER（株価収益率）やEBITDAなどの利益のマルチプルはシクリカルな企業やコモディティ企業では大きく変動する。成長の可能性は企業によってさまざまで、成長率はサイクル次第で劇的に変化する可能性がある。

バリュエーションの解決策

シクリカルな企業やコモディティ企業を評価する最も簡単な方法は、利益とキャッシュフローの年度ごとの変化を振り返り、それらの数値の平準化した値を求めることである。シクリカルな企業の利益やキャッシュフローを平準化するために用いる標準的なテクニックが3つある。

1. **長期の単純平均**　利益を平準化するために用いる最も一般的な方法が長期の利益の平均をとることである。サイクル全体をカバーするだけの十分に長い期間の平均を算出する。アメリカの

通常の景気循環は5〜10年続く。これはシンプルな方法論だが、成長している企業で絶対値を用いると過度に低い値が出てしまう。

2. **長期の比率の平均**　比率を算出することに伴う問題のシンプルな解決策は、収益や投下資本などの変数との比率の長期の平均を算出することである。実際に、利益額ではなく利益率の長期の平均値を算出し、その値を直近年度の収益に当てはめることで、平準化した利益が推定できる。

3. **セクター平均**　社歴が限られているか、信頼に足る過去のデータがない企業の場合、平準化するためにはセクター平均に目を向けるほうがはるかに合理的である。そのため、サイクルを通じてすべての製鉄会社の営業利益率を算出し、平均利益率を用いて、個々の製鉄会社の営業利益を推定できる。セクターの利益率は個々の企業の利益率よりも変動が小さくなる傾向にある。だが、この方法では1社の企業がセクターの同業他社との違いを生む特徴を織り込むことができない。

実際の平準化を理解するために、2009年初頭のトヨタ（TYT）のバリュエーションについて考えてみよう。当時、同社は世界で最も優れた経営が行われている企業と考えられていた。その後、テスラが自動車業界の考え方をひっくり返してしまうまでは。だが、トヨタも世界経済の浮き沈みから逃れることはできず、2008年の最終四半期には損失を計上した。これは2008年4月から2009年3月までの会計年度の利益が大幅に減少するか、マイナスにすらなりかねないことを示唆していた。1998〜2009年までのトヨタの税引き前営業利益率の平均である7.33％を直近12カ月の収益である22兆6610億円

に当てはめると、平準化した利益は次のように推定される。

平準化した営業利益＝22兆6610億円×0.0733＝１兆6607億円

　成熟した企業であるトヨタは、安定成長率（ｇ）が1.5％、ROC（資本利益率）が5.09％で、同社の安定成長期の資本コストと等しいと仮定すると、今日の営業資産の価値は19兆6400億円と推定できる。

（営業利益×（１＋ｇ）×（１－税率）×（１－成長率÷ROC））÷（資本コスト－成長率）
＝（１兆6607億円×（１＋0.015）×（１－0.40）×（１－0.015÷0.0509））÷（0.0509－0.015）
＝19兆6400億円

　営業資産の価値に現金（２兆2880億円）と持ち合い株（６兆8450億円）の価値を足し、この値から債務（11兆8620億円）と少数株主持ち分（5830億円）を引くと自己資本の価値が得られる。この値を発行済み株式数（34億4800万株）で割ると、１株当たりの価値は4735円となり、当時の１株当たりの市場価格である3060円を大幅に上回る。

（19兆6400億円＋２兆2880億円＋６兆8450億円－11兆8620億円－5830億円）÷34億4800万株＝１株当たり4735円

　コモディティ企業では、ボラティリティを引き起こす変数はコモディティの価格である。結果として、コモディティ企業での平準化

はコモディティ価格を平準化することに主眼が置かれる。

原油の標準価格はいくらだろうか。ゴールド（金）はどうだろうか。この質問に答える方法は２つある。１つは、インフレ調整後のコモディティ価格の長期の平均に目を向けることである。もう１つは、コモディティの需給を前提にその公正価格を算出することである。コモディティ価格を平準化したら、その平準化した価格で評価している企業の収益、利益、キャッシュフローがどうなりそうかを評価できる。収益と利益については、販売数量に平準化した価格を掛け、費用については合理的な仮定を行うことが必要になる。再投資と資金調達コストについては、平準化した価格で再投資額と資金調達コストがどの程度変化するかをある程度主観的に判断する必要がある。

価値の要素　その１——平準化した利益

シクリカルな企業は、サイクルの天井や底ではなく、通常の経済状態の年の利益に基づいて評価すべきである。景気循環の変動を振り返ると、評価している企業の平準化した利益はどのくらいだろうか。

平準化したコモディティ価格を用いてコモディティ企業を評価する場合、算出したバリュエーションは企業に関する自分の見方と同じように、コモディティ価格に対する自分の考えを反映したものになるという批判にさらされる。コモディティ企業のバリュエーションからコモディティ価格に対する自分の考えを取り除きたいと思う場合、最も安全な方法はコモディティの市場価格を用いることであ

る。ほとんどのコモディティに先渡し市場や先物市場が存在するので、この市場の価格を用いることで、向こう数年間のキャッシュフローを推定することができる。この方法の利点は、コモディティ価格のリスクをヘッジするメカニズムが組み込まれていることである。企業は割安だが、将来のコモディティ価格にかなり左右されると考えている投資家は、企業の株式を買い、原油先物を売ることで、原油価格の下落リスクをヘッジすることができる。

　世界で最古にして最大の総合石油企業の１つであるロイヤル・ダッチ・シェルは2022年に3813億1400万ドルの収益で、644億0300万ドルの営業利益を上げた。その年の平均原油価格は100.93ドルだった。われわれがロイヤル・ダッチ・シェルのバリュエーションを行った2023年８月には、原油価格は80.78ドルまで下落した。原油価格の下落が収益や利益に与える影響を反映させるために、**図11.1**でロイヤル・ダッチ・シェルの収益と営業利益に平均原油価格を重ね合わせて、同社の歴史を見てみた。

　収益を回帰分析することで現在の原油価格（80.78ドル）での収益を再計算し、収益は米ドルの期待インフレ率である年２％で成長すると仮定し、税引き前営業利益率を過去の平均である10％に調整し、**表11.1**で同社の予想キャッシュフローを推定した。

　ターミナルバリュー（TV）を推定するために、永久成長率は年２％と仮定し、ROCは10％とした。

TV ＝（（６年目の税引き後営業利益）×（１－成長率÷ROC））÷（資本コスト－成長率）
＝（283億0900万ドル×（1.02）×（１－0.02÷0.10））÷（0.0911－0.02）

図11.1 ロイヤル・ダッチ・シェル──収益と利益と原油価格

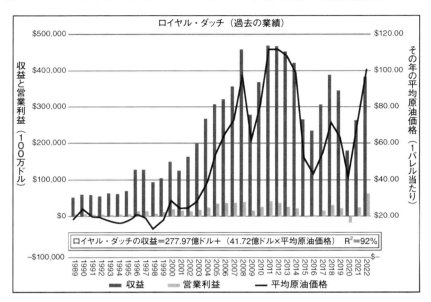

＝3249億0100万ドル

　予想キャッシュフローを資本コストの9.11％で現在価値に割り引くと、1株当たりの価値は74.60ドルになる。

　この1株当たりの価値は原油価格に左右され、原油価格が上昇すれば価値は増大し、原油価格が下落すれば価値は縮小する。**図11.2**では、原油価格に応じたシェルの1株当たりの価値を示した。

　このように1株当たりの価値を推定するにあたっては、**図11.1**に記した回帰分析の結果を用いて、原油価格の変化に応じた収益を再計算し、利益率や成長率や資本コストに関する仮定はそのままにしている。

表11.1 ロイヤル・ダッチの予想キャッシュフロー（100万ドル）と1株当たりの価値

	基準年	1	2	3	4	5
収益	366,295	373,621	381,093	388,715	396,489	404,419
営業利益率	17.58%	13.79%	11.90%	10.95%	10.47%	10.00%
営業利益	64,403	51,527	45,333	42,556	41,528	40,442
実効税率	30.00%	30.00%	30.00%	30.00%	30.00%	30.00%
税引き後営業利益	45,082	36,069	31,733	29,789	29,070	28,309
＋減価償却費	19,410	19,798	20,194	20,598	21,010	21,430
－資本支出	22,600	23,052	23,513	23,983	24,463	24,952
－正味運転資本		366	374	381	389	396
＝FCFF		32,449	28,041	26,023	25,228	24,391
TV						324,901
ROC						
資本コスト		9.11%	9.11%	9.11%	9.11%	9.11%
累積割引係数		1.0911	1.1905	1.2990	1.4173	1.5464
現在価値		29,739	23,554	20,034	17,800	225,873
営業資産の価値	317,000					
＋現金	40,246					
＋持ち合い株	23,864					
－負債	83,795					
－少数株主持ち分	2,125					
自己資本の価値	295,190					
株式数	3957					
1株当たりの価値	74.60					

図11.2 ロイヤル・ダッチ・シェル——1株当たりの価値と原油価格

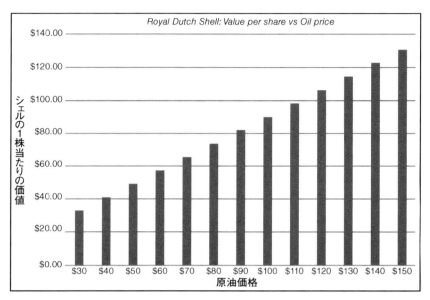

> **価値の要素　その2——コモディティ価格**
>
> コモディティ価格が変動すると、コモディティ企業の利益も変動する。評価しているコモディティ企業に関して、当該コモディティの平準化した価格はどのくらいだろうか。その価格での企業の価値はどのくらいだろうか。

相対バリュエーション（価格付け）

割引キャッシュフローに基づくバリュエーションで展開した2つの基本的な方法（①平準化した利益を用いる、②成長率を適応させ

る）は、シクリカルな企業やコモディティ企業の相対バリュエーションにも用いることができる。

　シクリカルな企業やコモディティ企業の平準化した利益が平年に生み出せる利益だとしたら、市場がこれら平準化した利益に応じて企業を評価する方法とも一貫性がなければならない。企業間で成長率やリスクにまったく違いがないといった極端なケースでは、これら企業の１株当たりの平準化した利益を用いた比率は一致するはずである。平準化後でも成長率やリスクの違いが残るより一般的なケースでは、企業のマルチプルには違いが出ることが予想される。利益のリスクが高い企業の平準化した利益のマルチプルは、利益が安定している企業よりも低くなると予想すべきである。また、成長の可能性が高い企業の平準化した利益のマルチプルは、成長の可能性が低い企業よりも高くなると予想される。

　企業の現在の業績の数値を平準化した値に置き換えるのは気が進まないとしたら、シクリカルな企業やコモディティ企業のマルチプルはサイクルの変動に合わせて変化する。具体的には、シクリカルな企業やコモディティ企業の利益のマルチプルはサイクルの頂点で底を打ち、サイクルの底で高値を付ける。セクター内のすべての企業の利益が同じように推移するとしたら、企業の現在の利益のマルチプルを比較しても深刻な影響はない。実際に、製鉄会社全体が高い利益を上げるサイクルの頂点では、６倍のマルチプルが付いている企業は公正に評価されていると結論し、製鉄会社の利益が減少するサイクルの底では、PERが15倍の製鉄会社は公正に評価されていると結論するかもしれない。

　表11.2は石油会社の価格付けの指標をまとめたものだが、ここでは2023年８月の市場価格と、直近12カ月の業績（収益、利益、簿

価）と確認埋蔵量（100万バレル）を用いている。

シェルに目を向けると、このリストにあるほかの企業に比べていくつかの指標（PERやPBR［株価純資産倍率］）では割安なようだが、EV／売上高倍率とEV／EBITDA倍率ではほかの企業と同程度で、EV／投下資本倍率とEV／確認埋蔵量で見ると割高である。混乱するかもしれないが、これこそが価格付けの特徴であり、アナリストが1つの指標だけに基づいてある銘柄が割安か、割高だと結論している場合には懐疑的になるべき理由の1つである。比較を行う場合は、成長率やリスクや投資効率の違いについて調整しなければならない。例えば、ペトロブラスはPERと埋蔵量では割安に思えるが、ブラジルの企業なので、このなかでは最もリスクの高い1社でもある。

未開発埋蔵量のリアルオプション分析

従来のバリュエーション方法に対する批判の1つは、コモディティ価格とコモディティ企業による投資や資金調達との相互関係を適切に考慮していないというものである。言い換えれば、石油会社は原油価格が20ドルのときよりも100ドルのときのほうが、原油の生産量は増え、株主に還元できる現金も多くなる。つまり、これらの企業は石油埋蔵量を開発するオプションを有しているわけだ。企業は原油価格を見たあとでこのオプションを行使できるので、これらオプションは価値を増大させる。

天然資源の埋蔵量や企業を評価するために積極的にオプション価格モデルを用いることはないとしても、価値に対して次のような影響を及ぼす。

表11.2 2023年8月の大手総合石油会社の比率

企業名	PER	PBR	EV/売上高倍率	EV/EBITDA倍率	EV/投下資本倍率	EV/確認埋蔵量
サウジアラムコ	16.70	5.10	4.16	7.95	5.41	11.11
エクソンモービル	8.23	2.10	1.20	5.29	2.02	44.57
シェブロン	9.82	1.85	1.42	5.92	1.80	61.17
シェル	6.93	1.04	0.68	3.54	1.04	52.24
ペトロチャイナ	8.28	0.83	0.47	3.11	0.85	32.91
トタルエナジーズ	7.60	1.30	0.71	3.20	1.25	29.45
BP	5.53	1.24	0.52	2.30	1.21	33.30
中国石油化工	10.12	0.69	0.26	4.93	0.75	63.22
エクイノール	3.76	1.68	0.60	1.17	1.90	34.36
ペトロブラス	2.70	1.27	1.08	2.15	1.17	14.56
オキシデンタル・ペトロリアム	8.14	1.84	2.38	4.61	1.51	39.27
エニ	5.00	0.85	0.51	3.14	0.88	20.43
中央値	7.87	1.28	0.69	3.37	1.23	33.83

●**価格のボラティリティは価値に影響する**　コモディティ企業の価値はコモディティの価格だけでなく、その価格の予想ボラティリティにも左右される。価格が重要である理由は明らかである。つまり、コモディティ価格が上昇すれば、収益や利益やキャッシュフローが増大する。コモディティ価格のボラティリティが増大すると、未開発埋蔵量の価値が増大する。

●**成熟しているコモディティ企業か、成長しているコモディティ企**

業か** コモディティ価格のボラティリティが増大すると、開発埋蔵量からキャッシュフローを生み出しているより成熟した企業に比べて、未開発埋蔵量が価値の多くを占めるコモディティ企業の価値は増大する。原油価格自体は変化しなくても原油価格のボラティリティが増大しているとしたら、エクソンモービルに比べてペトロブラスの価値が増大すると予想するだろう。

● **資源開発** コモディティ価格のボラティリティが増大すると、コモディティ企業はより高い価格を求めて資源開発をますます渋るようになる。

● **コモディティ価格が下落するとオプションとしての価値が増大する** 埋蔵量のオプションとしての価値は、コモディティ価格が低い(埋蔵量の開発が可能とも不可能とも言える)ときに最も大きくなり、コモディティ価格が上昇するにつれ減少する。

　未開発埋蔵量をオプションと考えるならば、概して割引キャッシュフローによるバリュエーションでは、コモディティの予想価格を用いて収益や営業利益を推定するので、天然資源の企業の価値を過小評価する。改めて記せば、未開発埋蔵量が多く、価格のボラティリティが最も高いコモディティを生産している企業でその差異が最も大きくなる。

バリュープレー

　コモディティ企業に投資している場合、その根底にあるコモディティに投資しているということである。この現実を投資戦略に組み込める方法が2つある。1つは、コモディティ価格に対する態度を明確にし、自らが予想した価格変化から最も大きな利益を得る企業に投資する。そのため、コモディティ価格が安く、将来大幅に上昇すると考えているならば、当該コモディティの未開発埋蔵量が多く、短期的な価格の下落に耐えられる財源を有する企業の利益は最も大きくなる。もう1つは、コモディティ価格を予測できないことを受け入れ、セクター内の最も優れた企業に焦点を当てる。コストの低い埋蔵量を大量に有し、新たな資源を効率的に発見・開発できる企業を探せばよい。将来のコモディティ価格の下落から身を守るためには、コモディティ先物やオプションを利用して、少なくとも部分的に企業への投資リスクをヘッジすればよい。

　また、シクリカルな企業に適用できる類似の投資戦略が2つある。1つ目は、経済全体の成長に対する自らの予想を信用する。経済全体の成長は市場参加者たちが考えているよりも強力だと思うならば、景気の好転から利益を得られるシクリカルな企業を買うべきである。この戦略は投資家が目の前の経済指標に過剰反応し、シクリカルな銘柄を売却してしまう景気低迷期に機能する可能性が最も高い。2つ目は、もっと標準的なバリュエーション戦略である。景気循環を予想できないことを認め、シクリカルなセクターで最も割安な銘柄を買うことに集中する。

具体的には、平準化した利益のマルチプルはセクター内の同業他社と同程度で、平準化した利益を基準にした純利益率とROCが最も高い企業を見つけたいところである。

結論　どれほど注意深く準備をしても、コモディティ企業やシクリカルな企業では、景気循環やコモディティのサイクルに応じて利益も株価も大きく変動する。皮肉なことだが、このようなシクリカルな変動がお金を稼ぐ最も大きなチャンスをもたらすのである。

結論——交通法規
Conclusion -- Rules for the Road

　事態が変化しても、本質は変わらない。われわれは本源的バリュエーションと相対バリュエーションのテクニックを用いて、若きグロース企業のゾマトや最盛期を過ぎたベッド・バス・アンド・ビヨンドなどライフサイクルを横断して企業を評価してきた。そのとき、お馴染みの筋書に従った。変わらないテーマがある。それは、価値は標準的な材料、つまりキャッシュフローや成長率やリスクにその基礎を置くが、それぞれの影響は企業によってさまざまだということである。

共通の材料

　どんなタイプの企業を評価していようと、何を評価しようとしているのか（自己資本だけか事業全体か）、価値を推定するためにどの方法論を用いるのか（本源的バリュエーションか相対バリュエーションか）、そして価値の主要素は何かを決めなければならない。
　企業を評価する場合、企業の自己資本を評価することも、事業全体を評価することもできる。事業を評価しているなら、評価してい

ない資産（現金や持ち合い株）を足し、借り入れ（負債）を引くことで自己資本の価値を算出する。入力値（キャッシュフロー、成長率、リスク）のすべては矛盾なく定義しなければならないので、この判断は重要である。本書で評価した多くの企業で、事業を評価し、そこから自己資本の価値を算出した。金融サービス企業では負債を定義し、キャッシュフローを推定することができないので、自己資本のバリュエーションモデルを用いらざるを得なかった。

また、ファンダメンタルズに基づいて事業を評価することもできる。つまり、本源的価値である。または、市場で類似企業にどのような価格が付いているかに目を向けて価格付けを行うこともできる。いずれの方法論でも価値を推定できるが、異なる疑問に答えている。本源的バリュエーションでは、この企業のキャッシュフローやリスクからすれば、割安なのか割高なのかという疑問に答えている。相対バリュエーションでは、似たような企業の市場での価格からすれば、この企業は割安なのか割高なのかという疑問に答えている。第7章のアルファベットの例で、本源的バリュエーションでは同社は割高だと結論し、相対バリュエーションでは同社の株価は適正な価格、または割安だと結論した。

本源的バリュエーションと相対バリュエーションのどちらでも、企業の価値は次の3つの材料が基礎になる。①既存資産が生み出すキャッシュフロー、②それらキャッシュフローの期待成長率、③これらキャッシュフローのリスクを反映した割引率——である。本源的バリュエーションでは、これら入力値を明確に推定する。相対バリュエーションでは、企業間の価格付けを比べる場合に、これら入力値について企業間での違いを調整しようとする。

表C.1 ライフサイクルやセクターが異なる企業の価値の要素

カテゴリー	価値の要素
若いグロース企業	収益の成長、目標利益率、存続の可能性
グロース企業	拡張可能な成長、利益率の持続可能性
成熟した企業	事業の緩み、財務の緩み、経営陣が変更となる可能性
衰退している企業	継続企業としての価値、デフォルトの可能性、デフォルトの影響
金融サービス企業	自己資本のリスク、成長の質（ROE）、資本規制
コモディティ企業やシクリカルな企業	平準化した利益、超過リターン、長期の成長率
無形資産が多い企業	無形資産の特徴、無形資産への投資効率

重点の違い

用いるモデルや方法論はすべての企業で同じだが、入力値に関する選択や重視することは企業によって異なる。それぞれの章で取り上げた価値の要素は、企業がライフサイクルのどこに位置するか、どのようなセクターに属するかによって、焦点が変わる。

これら価値の要素は、どの企業が投資に値するかを知りたい投資家だけでなく、価値を高めるためにどこに関心を向けるべきかという意味で、それら企業の経営陣にも役に立つ。

そして、成果を得る

自分が行ったバリュエーションに基づいてお金が稼げるだろうか。その答えは3つの変数に依存する。1つ目は、自らのバリュエーシ

ョンの質である。より正確な情報に基づいてしっかりと行ったバリュエーションは、うわさ程度の情報に基づいたいい加減なバリュエーションよりも優れたリターンを生み出すはずである。2つ目は、市場のフィードバックである。バリュエーションに最善を尽くしても、それを元にお金を稼ぐためには、市場が自らの誤りを修正する必要がある。円滑に機能している市場ならば、バリュエーションの成果はより早く、より寛大にもたらされる可能性が高い。もっと身勝手な言い方をするなら、市場はその大部分が効率的だが、つけ入ることができる非効率さを備えていることが望ましい。3つ目は、運である。自分で運を良くすることはできない。だが、割安だと思った企業に幅広く投資先を分散させることで、運がリターンに与える影響を軽減することはできる。いまだ分散は報われるのだ。

最後に一言

専門家や投資のプロたちに怖気づいてはならない。たいていの場合、彼らは自分たちと同じ情報を利用している。そして、彼らのバリュエーションに関する理解は自分たちとそれほど変わらない。間違いを犯すことを恐れてはならない。すべての投資で利益が得られるわけではないとしても、私と同じように、投資対象を分析し、価値を評価するプロセスに喜びを感じてほしい。

10の交通法規

1. モデルを放棄してもよいが、第1原則は譲ってはならない。
2. 市場の監視は必要だが、市場に自分の行動を決めさせてはならない。
3. リスクは価値に影響を及ぼす。
4. 成長はタダではなく、常に価値を高めるとは限らない。
5. 何事にも終わりはあり、永遠に続くことなどない。
6. 予期しないリスクに要注意。切り抜けられる企業は多くない。
7. 過去に目を向け、将来について考えろ。
8. 大数の法則を利用せよ。平均は1つの数字よりも優れている。
9. 不確実性を受け入れ、それに対応しなければならない。
10. ストーリーを数字に転換しなければならない。

■著者紹介
アスワス・ダモダラン（Aswath Damodaran）
ニューヨーク大学スターン・スクール・オブ・ビジネスのファイナンスの教授。デビッド・マーゴリス・ティーチング・フェローでもある。彼は大学でコーポレートファイナンスと株式のバリュエーションを教えており、ウェブサイトでもオンラインで聴講できる。『資産価値測定総論１　２　３』『企業に何十億ドルものバリュエーションが付く理由』（パンローリング）、『コーポレート・ファイナンス――戦略と応用』（東洋経済新報社）、『ダモダラン・オン・バリュエーション（Damodaran on Valuation : Security Analysis for Investment and Corporate Finance, 2nd ed）』など、バリュエーションやコーポレートファイナンスや投資に関する著作がある。

■監修者紹介
長岡半太郎（ながおか・はんたろう）
放送大学教養学部卒。放送大学大学院文化科学研究科（情報学）修了・修士（学術）。日米の銀行、CTA、ヘッジファンドなどを経て、現在は中堅運用会社勤務。２級ファイナンシャル・プランニング技能士（FP）。『ルール』『その後のとなりの億万長者』『IPOトレード入門』『株式投資　完全入門』『知られざるマーケットの魔術師』『パーフェクト証券分析』『バリュー投資達人への道』『新版　バリュー投資入門』『鋼のメンタルトレーダー』『投資の公理』『株式市場のチャート分析』『ミネルヴィニの勝者になるための思考法』『アルゴトレード完全攻略への「近道」』『長期的投資の醍醐味「100倍株」の見つけ方』『株式投資のテクニカル分析補完計画』『無敵の「プライスアクション＋価格帯別出来高」FXトレード』『システムトレード　基本と原則【実践編】』『バフェットからの手紙【第８版】』『ロジャー・マレーの証券分析』『漂流アメリカ』『モンスター株の売買戦術』『証券分析 第６版』『隠れた「新ナンバーワン銘柄」を見つける方法』『マルチタイムフレームを使ったテクニカルトレード』『桁外れの投資家たち』『全天候型トレーダー』『Best Loser Wins』『システム検証DIYプロジェクト【第２版】』『投資の４原則』『経済サイクル投資法』など、多数。

■訳者紹介
藤原玄（ふじわら・げん）
1977年生まれ。慶應義塾大学経済学部卒業。情報提供会社、米国の投資顧問会社在日連絡員を経て、現在、独立系投資会社に勤務。業務のかたわら、投資をはじめとするさまざまな分野の翻訳を手掛けている。訳書に『なぜ利益を上げている企業への投資が失敗するのか』『株デビューする前に知っておくべき「魔法の公式」』『ブラックスワン回避法』『ハーバード流ケースメソッドで学ぶバリュー投資』『堕天使バンカー』『ブラックエッジ』『インデックス投資は勝者のゲーム』『企業に何十億ドルものバリュエーションが付く理由』『ディープバリュー投資入門』『ファクター投資入門』『実践　ディープバリュー投資』『M＆A　買収者の見解、経営者の異論』『素晴らしきデフレの世界』『配当成長株投資のすすめ』『その後のとなりの億万長者』『株式投資　完全入門』『パーフェクト証券分析』『新版　バリュー投資入門』『投資の公理』『長期的投資の醍醐味「100倍株」の見つけ方』『長期的バリュー投資の基本と原則』『ロジャー・マレーの証券分析』『漂流アメリカ』『隠れた「新ナンバーワン銘柄」を見つける方法』『桁外れの投資家たち』『投資の４原則』『経済サイクル投資法』（パンローリング）などがある。

本書の感想をお寄せください。

お読みになった感想を下記サイトまでお送りください。
書評として採用させていただいた方には、
弊社通販サイトで使えるポイントを進呈いたします。

https://www.tradersshop.com/bin/apply?pr=3179

2025年2月3日 初版第1刷発行

ウィザードブックシリーズ ㉞⑤

ダモダランの投資教室
── 企業を評価し、銘柄を選び、利益を手にする方法

著　者	アスワス・ダモダラン
監修者	長岡半太郎
訳　者	藤原玄
発行者	後藤康徳
発行所	パンローリング株式会社
	〒160-0023　東京都新宿区西新宿 7-9-18　6階
	TEL 03-5386-7391　FAX 03-5386-7393
	http://www.panrolling.com/
	E-mail　info@panrolling.com
編　集	エフ・ジー・アイ（Factory of Gnomic Three Monkeys Investment）
装　丁	パンローリング装丁室
組　版	パンローリング制作室
印刷・製本	株式会社シナノ

ISBN978-4-7759-7334-9

落丁・乱丁本はお取り替えします。
また、本書の全部、または一部を複写・複製・転訳載、および磁気・光記録媒体に
入力することなどは、著作権法上の例外を除き禁じられています。

本文　©Fujiwara Gen／図表　©Pan Rolling　2025 Printed in Japan

ウィザードブックシリーズ 131・132・133

資産価値測定総論 1・2・3

アスワス・ダモダラン【著】

各定価 本体5,800円+税
ISBN:9784775970973・9784775970980・9784775970997

投資のカギは評価にある！ あらゆる資産価値を測定するためのツールとテクニック

投資評価の第一人者、ニューヨーク大学スターン経営大学院教授アスワス・ダモダランによる資産価値評価解説の決定版がついに完成。株式から債券、オプション、先物、実物資産まで、ありとあらゆる資産の価値を測定するための、最新かつ旧来のさまざまなツールとテクニックが満載。投資評価のすべてを網羅した実用的な指南書といえる。ケーススタディと実績のある評価モデルをフルに活用した本書は、投資評価とその手法をさらに深く理解したい人にとって必携である。評価プロセスの第一人者が贈るアドバイスを、今すぐ実用に役立ててもらいたい。

ウィザードブックシリーズ 266

企業に何十億ドルもの バリュエーションが付く理由

アスワス・ダモダラン【著】

定価 本体3,800円+税　ISBN:9784775972359

企業価値評価における定性分析と定量分析

一度も利益を上げたことのない企業が何十億ドルものバリュエーションを付けるのはどうしてなのだろうか。なぜ巨額の投資を得られるスタートアップ企業が存在するのか。ファイナンスの教授であり、投資家としても経験豊富なアスワス・ダモダランが、数字を肉づけし、用心深い投資家にもリスクをとらせ、企業価値を高めるストーリーの力について論じている。本書は数字をめぐるストーリーの効果や問題点、そして危険性を明らかにするとともに、どうすればストーリーの妥当性を評価することができるのかを伝えるものである。